奇妙语文图书馆·阅读与表达

说话的艺术

不善说话的傻女婿

王大绩（北京市语文特级教师）/主审
郑利强/主编

電子工業出版社
Publishing House of Electronics Industry
北京·BEIJING

目录

CONTENTS

第一章 • 不善说话的傻女婿

东村住着一个老实的年轻人，名叫王六。他和气又有礼貌，就是不太会说话。

一天早上，王六看到邻居张老先生出来散步，赶忙上前打招呼。他对张老先生说：“老先生，您去散步啊！这是非常好的运动。可是您千万要留神！要是不留神跌倒了，轻则跌断腿，摔坏腰；重的话，可能还会要人命！”

张老先生一大早就听了这些扫兴的话，心里实在不是滋味，可是又不便对他发脾气，只好自己生闷气。从此以后，张老先生一看到王六，就赶紧躲开。

有一回，王六的岳父过生日，他和太太回家祝寿。那年他岳父73岁，他在祝寿时对岳父说：“您今天73了，古人说：‘七十三，八十四，阎王不请自己去。’所以今年您可得当心啊！”

这虽然是一句关心的话，但是岳父听得心里很不舒服，足足气了一整年。第二年，岳父再过生日时，王六的太太对他说：“你说话那么不得体，把他老人家气了一整年。你今年去祝寿，一句话也不许说。”

王六答应了。到了岳父家，在寿筵上，王六紧闭双唇，果然一句话也不说。岳父心里明白，也不怪他，甚至还暗想：傻女婿不说话，反而还舒坦一些！

就在寿筵结束的时候，傻女婿开口了：“岳父大人，今天是您老人家的生日，我可是一句话也没有说。要是您有个三长两短，摔坏腰或折了腿的，可不要怪我！”

你看，一个不懂说话艺术的人，一开口，不是得罪人，就是伤害人，于是大家都不喜欢跟他说话了。所以，一个人不但要会说话，还要把话说好，这就要懂得说话的艺术了。

无言以对

假如有一天你一觉醒来，发现全世界的人都不会说话了，你觉得会有什么事情发生？

表错情，会错意

李员外是个很热情的人，常招待朋友到家里吃饭。有一次，他又请了一群朋友到家里聚餐，不料到了吃饭时间，只来了3个人。李员外心里很着急，忍不住说：“怎么该来的没来？”其中一个客人心想：“大概我不是那个该来的客人，我还是走吧。”于是就悄悄离开了。

李员外看那个人莫名其妙地走了，便跺脚说：“哎呀！不该走的怎么走了。”第二个客人一听，心想：“刚刚那人不该走，那么该走的人是我咯！”于是没打一声招呼也走了。

李员外一看连走了两个客人，无奈地对第三个客人说：“我又不是说他们。”第三个客人想：“不是说他们，想来是说我了。”于是也气呼呼地走了。

李员外不明白问题出在哪里，眼看着客人一个接着一个离开，嘴里还一直嘀咕：“怎么都走光了？”

语言表达是很重要的，否则就会像这个员外一样，说者无心，听者有意了。

参考答案：手语补习班纷纷成立、歌星失业、老师无法讲课……

第二章 · 说话的注意事项

一、说话要避免空洞与烦琐

说话是为了表达思想和情感，要说得得体、有内容，才能引起别人的兴趣。如果说话空洞，缺乏内容，或净说些没有意义的话，那么不仅浪费时间，而且会令人生厌。所以，说话首先要避免空洞无物。

什么样的话是“空洞”的话呢？简单来说，就是“没有内容”的。你看看下面小英和小明的谈话：

小英：“你喜欢我家吗？”

小明：“喜欢。”

小英：“你觉得我妈做的饼好吃吗？”

小明：“好吃。”

小英：“你喜欢我穿的衣服吗？”

小明：“喜欢。”

小明在对话中的回答，听起来没有什么内容，也没有什么趣味。这种乏味的言语，就好像一座没有树木的山，光秃秃的没有可看之处；也像一张苍白的脸，缺乏生机和活泼的表情。

要治疗这种语言的“贫血症”，有一个良方，就是在说话的时候加上一些形容词，形容一下你看到的现象，或是把你想到的、感觉到的事物说出来。换句话说，平时要多观察，把看到的、听到的、碰到的、闻到的、想到的都说出来，形容出来，这样说话时，内容才不会显得贫乏。

像刚才小明的回答，只要把一些感受、现象说出来，就会变得丰富许多，如：

“我好喜欢你家。因为墙壁是粉红色的，看起来很温暖；家里又整理得很整齐，我很喜欢。”

“你妈妈做的饼，酥酥的、甜甜的，一点儿也不油腻，真好吃。”

“你的衣服很好看，红色上衣配黑色裙子，很大方，尤其领口的蝴蝶结，看起来很别致。”

如此一来，说话就有内容了，而且也生动多了。

此外，说话时模棱两可，或是没有结论，也是一种说话空洞的表现。例如：

“请问你要吃什么？”

“随便。”

这样的回答说了和没说一样，会让主人非常为难，不知道到底要如何招待你，所以不是一种好的回答。在这种情况下，不妨回答：

“这里有什么我就吃什么。”

“你觉得什么好吃，我们就吃什么。”

或者直接表达自己的意见：“我想吃……”当然，我们也不可以为难主人，故意给他们制造难题。

一般人说话时常犯的第二个毛病，就是话说得太多，显得烦琐而没有重点，好像我们常听到的：

“她是我爸爸的侄子的太太。”

“我走回家的时候，在路上，我看到一个小男生，他在街上拿着花篮在卖花。”

“我们晚上去看电影，晚上 8 点钟，在梅花戏院，我们看《美女与野兽》。”

诸如此类的话，就像在脸上涂了厚厚的粉底和各类化妆品，不但不美，反而会让人觉得厚重；也像在汉堡上涂了太多种类的酱，味道不一定好。人们常常不愿意听一个说话烦琐的人说话。像上文中的例子，我们可以修正为：

“她是我表嫂。”

“我在回家的路上，看到一个小男生在卖花。”

“晚上 8 点，我们到梅花戏院看《美女与野兽》。”

要避免说话空洞或烦琐，最好的方法就是多读书、多听他人说话，平时也要多观察，这样说话才会有内容、有条理。

二、少批评、少争辩

俗话说：“批评是阻力，鼓励是动力。”但许多人都有个毛病，总认为自己是对的。这些人总是对别人评头论足，以为找到别人的错误，就能表示自己很聪明。其实总是批评别人，不但不能表示自己聪明过人，还可能会使你失去许多朋友，所以我们一定要避免把以下这样的话挂在嘴边：

“你看你，连黑板都擦不干净，真笨！”

“你怎么这么笨，连这道数学题也不会！”

“哈哈，他把小狗画得像小老鼠一样，真笨啊！”

这些话，虽然你说的时候可能并没有什么恶意，却会在不知不觉中得罪朋友，因为没人会喜欢别人说自己笨。所以，当我们看到朋友做事做得不大好，需要改进时，我们最好用温和的态度给出建议，而不要直接批评或评论。像上面所说的话，我们不妨换个方式来说：

“你可以试试先把板擦清干净，黑板就能擦得更干净。”

“我来告诉你这道数学题怎么做吧。”

“你的小狗画得很好，就是尾巴太长了一点儿，要是短一点儿就更漂亮了。”

换成这种方式来说，不仅会让对方听了很舒服，而且也能达到你说话的目的。说话时多一点儿思考，多一点儿艺术，你就能更受人欢迎。

此外，说话时还要避免争辩。争辩是既伤和气又没有意义的事。例如：

“老师说明天交作业。”

“不是明天，是后天。”

“明天！”

“后天！”

又如：

“发明牛痘接种法来预防天花的是中国人。”

“不是，是英国人。”

“是中国人！”

“是英国人！”

大家为了一件小事争得脸红脖子粗，既浪费时间，又无法解决问题，是毫无意义的事。与其争吵，不如想方设法去寻找答案来增加知识，你说对不对？

自圆其说

我们有时会碰到一些糗事，如果能够“自圆其说”，用幽默的方式消解，不仅可以化解尴尬，还能令人会心一笑。这里就有这样的小故事：

有一个晚会的主持人在台前介绍节目，正当他极力赞扬表演者的歌唱天赋时，却一不小心在台上跌倒，观众哄堂大笑。这时，只见这位主持人从容地站起来，笑着对观众说：“我是为刚才的节目倾倒了。”

不得要领

我们说话的时候，常常自以为已经讲得很清楚了，别人却仍然一头雾水。有这么一则笑话：

“救火！救火！”电话里传来紧急而恐慌的呼救声。

“在哪里？”消防队员问。

“在我家。”

“我是说失火的地点在哪里？”

“在厨房。”

“我知道，可是我们要怎样去你家？”

“你们不是有消防车吗？”

这个报警的人虽然说明了是他家失火，但消防队员却不知道他家在哪里，这就是没有交代清楚，以致对方不能明白。接电话时可能会碰到这样的情形：

“谁啊？”

“是我。”

“你是谁？”

“我是你同学。”

“我听不出你的声音。”

“我是你高中同学啊！”

“我高中同学？可是，我现在才读初中啊！”

“咦？你家电话不是这个号码吗？”

“不是，你打错电话了。”

“对不起，对不起。”

打电话时，不管跟对方熟不熟，都要先说出自己的姓名和要找的对象，这样才不会引起误会。

多帮别人想一想

你有这样的经历吗？放学回家，妈妈看到你的衣服脏了，不问原因就责怪你贪玩，把衣服搞得这么脏。你是不是觉得很委屈？多站在别人的立场想一想，不要没弄清状况就断定别人是故意的，这样可以避免产生误会和冲突，说出来的话，也就不容易伤害别人了。

假如你和同学约好去玩，同学却迟到了半个多小时，你觉得他可能遇到了哪些情况呢？

参考答案：临时有事、记错时间、不认得路……

活用练习

说话最常犯的毛病，就是啰啰唆唆、没有重点。下面有一些例子，请你把括号中的句子换个简洁的方式来表达：

1. 芳芳："汪汪可能走丢了。"

冬冬：（我想大概是吧！）↓

"大概是吧！"

2. 冬冬："《小叮当》借我看好不好？"

芳芳：（昨天我小姨来我家，我表弟也来了，他看到我有《小叮当》，吵着要借，我就借给他了。）↓

"______________________________"

3. 芳芳："你作业写完没？"

冬冬：（我今天功课好多，要写语文和数学作业，还要做剪贴，写半天还写不完。）↓

"______________________________"

纪晓岚语惊四座

纪晓岚是清朝的一位大文人，不仅才思敏捷，而且口才很好，常有惊人之语。

有一次，纪晓岚去参加王翰林母亲的寿宴。等客人到齐后，王翰林请纪晓岚写篇祝词，当场朗诵。纪晓岚愉快地答应了。他不用笔墨书写，便即席朗诵道：

“这个婆娘不是人，……”

此句一出，语惊四座，老夫人的脸马上沉了下来，但勉强忍住没有发脾气。大家面面相觑，觉得纪晓岚太失礼了，王翰林在一旁也紧张得不知如何是好。

就在这尴尬的节骨眼上，纪晓岚又从容地说出第二句：

“九天仙女下凡尘。”

大家一听，如释重负，都佩服纪晓岚的巧思。就在大家闹哄哄的时候，纪晓岚念出了第三句：

“生个儿子去做贼，……”

这下可好，大家仿佛挨了一记闷棍，哑然无声，主人也僵在那儿傻了眼，感到十分难堪。

所有人的目光都集中在纪晓岚身上，不知道他还会变出什么花样。纪晓岚环视全场一周，慢吞吞地说：

“偷得仙桃献母亲。”

纪晓岚话音才落，全场一阵欢笑，皆大欢喜。

话说得好，不如说得巧，偶尔有些悬念，反而更能带动快乐的气氛。

活用练习

语言的“贫血症”会阻碍彼此的沟通，使谈话的气氛沉闷而不愉快。下面有些对话，请你给括号里的句子加上“感受”和“看法”，使谈话的内容丰富起来。

1. 冬冬：“喜欢这本书吗？”

芳芳：（不喜欢。）↓

“这本书太沉闷了，我并不喜欢这样的书。”

2. 冬冬：“你们的春季旅行好不好玩？”

芳芳：（还好。）↓

“______________________________”

3. 冬冬：“你礼拜天都在做什么？”

芳芳：（睡觉。）↓

“______________________________”

第三章 • 三种说话的艺术

一、以“倾听”代替说话

两个人说话时，一定是一个说一个听，不可能两个人同时说。学会“倾听”是说好话的第一步，也是与人沟通或谈话的重要技巧。所以，当有人对你说：

“你知道我今天在上学途中看到了什么吗？”

“我跟你说，昨天晚上我在看电视的时候……”

这时候，倾听是最好的谈话方式。在倾听的时候，你要专心，注意他说话的内容、表情，并且适时地微笑、点头或简单地表达自己的意见，不可以心不在焉地左顾右盼，或是表现出一副不耐烦的样子，这样会让对方觉得很难堪。

当两个人或一群人在一起的时候，不要一个人喋喋不休地说个不停，要懂得把说话的机会让给别人。

如果大家在一起没有话题的时候，懂得说话艺术的人，会找一个大家可以一起谈论的话题，例如：

1. 谈对方感兴趣的事情

"听说你收集了许多邮票，你是从什么时候开始集邮的？你最喜欢哪一类邮票？"

"你喜欢画漫画，那你觉得美国的漫画和日本的漫画有什么不一样？"

2. 谈共同生活中的话题

"我喜欢上游泳课，尤其最近开始学仰泳，很好玩，你觉得呢？"

"你星期天都会做什么？你爸妈会不会带你出去玩？"

3. 赞美对方来引起话题

"你每次考试都考得那么好，你有什么诀窍？"

"你戴这副眼镜非常好看，是在哪里买的？"

像这样找一个话题，和朋友一起聊天，不但很愉快，而且可以在倾听时获得知识，或是学习他人的优点。但是在提问题时，要注意不要涉及对方的隐私。例如，你不能问：

"你家是不是很有钱？"

"你爸爸看起来好老，他今年几岁了？"

“你爸妈在家吵架吗？”

像这些问题，都非常不恰当，只会使对方感到难堪，更谈不上进一步的沟通了。

二、用和缓的语气说话

“语气”是说话的表情，它是在说话时利用轻重、缓急、抑扬、顿挫等方式来表达思想。同样一句话，不同的语气会代表不同的意义。语气得当，人听了就会非常舒服；语气用得不恰当，就会造成反效果。例如：

“你怎么来晚了？”

如果声音和缓委婉，则有关心的意思；如果把声音扬起，就有责备的意思；如果声音高语气急，就会让人觉得你生气了。

此外，说话的时候，所用的词语也很重要。例如：“助人为快乐之本，多帮别人的忙，别人会感谢你的。”这句话听起来很顺耳，如果换作这样：“你不懂助人为快乐之本吗？帮人家的忙能掉块肉吗？”听起来就很不舒服了。

所以，说话时要注意措词和语气，以免造成误会。说话语气温和、吐字清晰、语意明白，是一种基本礼貌，我们不但要使对方听得明白，听得悦耳，而且要使对方乐于和自己做朋友。

三、养成负责、有礼的说话方式

孔子教我们要“慎言”，要多思考而少说话。他并不是要我们沉默不语，而是要我们谨慎开口，因为话说多了，就容易说错话，会给别人留下不好的印象。此外，话说多了，说快了，难免有时因为疏忽而说出无法兑现的话，这样会给别人留下不负责任和不讲信用的印象。

说话除了要注意语气，还要借助表情和动作，这些动作和表情，我们称为“肢体语言”。得当的肢体语言不但可以增进彼此的沟通，而且可以使你更受欢迎。但是如果过于夸张或造作，可能就会得到反效果。所以在说话时，我们要注意以下几点：

1. 说话时眼睛要看着对方，专心地听对方说话，不可以一直眨眼或左顾右盼。

2. 脸上的表情要自然，不可以太夸张，不要唾沫横飞、手舞足蹈，更不要矫揉造作。

3. 可以配合一些手势，但是不要太频繁，手不要总是上下左右摆动，这会让听的人只顾看你的动作，而忘了你说的话。

4. 微笑和点头是让人感到亲切和给人以肯定的好方法。

希望我们每个人都能注意说话的态度，这样才能使整个社会更加和谐美好。

tips

眼睛是心灵的窗户，与别人交谈时，要巧妙地运用眼神。

有研究表明，交谈时，目光接触对方面部的时间占全部谈话时间的最佳比例是30~60%。倘若超过这一范围，会让对方觉得你对他本人的兴趣要高于你们谈话的内容；反之，又会让对方觉得你只关注谈话内容，而忽略了对方的感受。这两种行为都是失礼的。

倘若你在交谈过程中眼神闪烁不定，就会让对方觉得你情绪不稳定或为人不诚实；倘若你在交谈时不愿意与对方进行目光交流，就会让对方感觉你在企图掩饰什么，或让对方觉得你过于怯懦、缺乏自信，这些都会妨碍你与对方的交流、沟通。

因此，在交谈时，要敢于和善于同别人进行目光接触，这不仅是一种礼貌，也是一种纽带。

此外，如果你们是坐着交谈，那么坐姿也很重要，尤其在双方初次见面的情况下。身体一定要保持自然端正，不能斜靠在椅子中，或者盘腿，或把手臂搭在椅背上，这样往往会让人误以为你轻视对方，影响交谈。

活用练习

在日常生活中，可能会有一些状况会令我们一言难尽、欲言又止。下面有一些情况，你来想想该怎么说比较好。

1. 老师或父母误会你，认为你做错事。

（老师，对不起，这件事不是我做的，希望老师能重新调查。）

2. 排了好长的队伍等公交车，这时有人插队。

（　　　　　　　　　　　　　　　　　　　　　　　　　　　　）

3. 禁止抽烟的地方却有人抽烟。

（　　　　　　　　　　　　　　　　　　　　　　　　　　　　）

4. 去超市买面包，却发现面包过期了。

（　　　　　　　　　　　　　　　　　　　　　　　　　　　　）

温故知新

人言为信，汉字的“信”就是由人、言两个字构成的，这就是说，人说话必须有信用。请你看看下面三个故事，思考一些问题：

第一个是曾子杀猪的故事。曾子的太太为了让她的小孩不要哭，便哄他说：“你先回去吧！回头我杀猪给你吃。”当时她只是顺口一说，没有当真。可是曾子却认为大人只有自己说到做到，才能教育孩子成为一个守信的人。想一想：你是否有随便说说，却没有真正去做的事情？

第二个故事是战国时代的商鞅为了推行新法令，便在南门立了一根木头。他向百姓宣告说：“谁把木头从南门移到北门，赏金十两。”刚开始大家都不相信，直到有人试着移动木头，而且真的得到了奖金，大家才相信商鞅是个守信的人。想一想：建立信用，对自己有什么帮助？

第三个故事是说有个商人掉入水中，情急之下，他答应谁救他上岸就给谁百两金子，可是他上岸后却只给救了他的人十两金子。后来他的钱包又不小心掉入水中，但却没有人愿意去帮这个言而无信的人。想一想：自己是不是也曾许下许多没兑现的诺言呢？

能言善道

话说得好，往往可以化解尴尬、解救危难。我们来看看这两则小故事：

1. 有个卖锅的人，每次卖锅之前，总是把锅用力往地下扔，发出声音，以表示是好锅。有一次，他又把锅往地下扔，却不巧把锅砸破了，他连忙说：“像这样的锅，就不卖给你们了。”

2. 古时候有个很矮小的人，在回家的路上遇到了强盗。强盗抢光了他的钱后，便想杀人灭口。强盗刚举起刀，那个矮小的人就说：“大家都叫我小矮子，如果砍掉我的头，不是更矮了吗？”强盗听了哈哈大笑，便没有杀他。

你有类似的经验吗？因为一句话使情况得到改善，皆大欢喜。如果有一天，有人告诉你你的衣服穿反了，这时你要怎么说才能化解尴尬呢？

参考答案：这是最流行的穿法，不小心把外面弄脏了，反过来穿看起来比较干净……

各有行话

从前有五个兄弟，他们都没见过火车，有一天，大家约好一起去看火车。

老大是个铁匠，看着火车头说：“做一个这么大的东西，得要用多少铁啊！”

老二是个种田的，看了看车厢说：“这东西要是能用来运肥料，该有多省力啊！”

老三是个修理自行车的，看了看火车的轮子，惊讶地说：“这么多轮子，怎么打气呢？”

老四是个赶马车的，看了看那长长的列车，摇头叹气地说：“这火车要是陷到泥坑里，怎么推得出来哟！”

老五是个运动员，他看看这儿，瞧瞧那儿，刚好另一列火车从他眼前飞驰而过，他便大声说：“好家伙！爬着都跑那么快，要是站起来跑不是更快了吗？”

第四章 · 如何拒绝别人

与人相处不是一件容易的事，做得不好就会得罪朋友，伤害友谊。所以父母总是告诉我们，要多为别人着想，多迁就别人。但是，我们也不能一味迁就他人，有时候我们也需要向他人说“不”。如果有人找你做不合法的事，或是叫你去做不道德的事，你就必须拒绝他。有时，别人找你去玩、去看朋友、去买东西，但是你的时间有限，体力有限，可能也需要拒绝别人。还有时，别人要求你做某件事，而你正好有困难，例如对方向你借钱，但你没法借给他；或是对方邀你去郊游，而妈妈不同意，这时，你就必须拒绝对方。所以，在生活中，我们常需要向别人说“不”。

然而，“拒绝”是一件很伤感情的事，人家兴致勃勃地来找你，却碰了一鼻子灰，有可能会很生气，而且认为你不够朋友。拒绝是一门艺术，如果用得不恰当，就会得罪别人，失去友谊。那么，我们要如何拒绝别人呢？

一、拒绝他人时要委婉

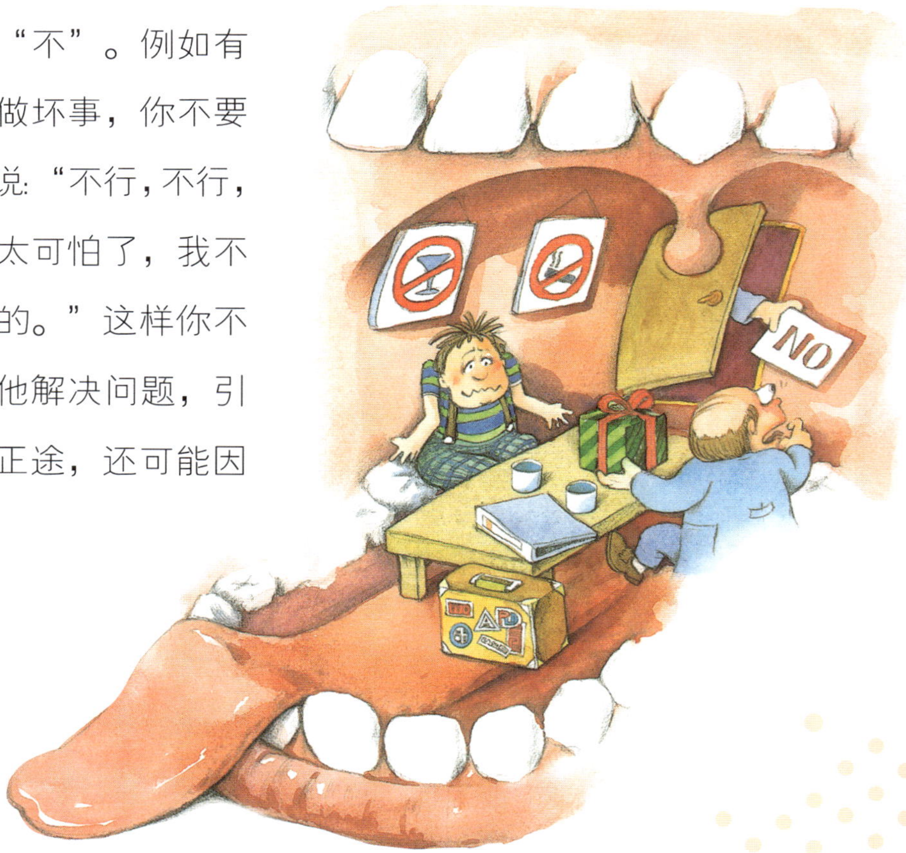

拒绝他人时，不要一开始就说“不”。例如有人找你去做坏事，你不要一开始就说：“不行，不行，你的想法太可怕了，我不会这样做的。”这样你不但没有帮他解决问题，引导他走向正途，还可能因为你的态度而带来一些不必要的困扰。这时，你不妨告诉他："我想你是很聪明的人，才会想到做这样的事。但是我听我妈说，做这种事是要付出代价的，我们是不是再想想其他的办法呢？"

如果是你"不想做"的事，你可以找个理由来拒绝对方。例如周末有人找你去打游戏，你不想去，那么你可以跟他说："你的点子真多，这是个好主意，可是我答应了妈妈下午要在家等外婆，所以不能和你去，很抱歉。"或告诉他："我今天还有许多事没做完，不能出去玩，等下次有机会再和你一起去玩。"这样就不会得罪朋友了。

如果朋友邀你去打球、看电影等，但是妈妈不让你去，或是你没有钱买电影票，则不妨直接告诉他你的困难，希望他能谅解。千万不要说谎或找借口敷衍别人，否则一旦被发现，你们的友情也会受到很大伤害。

总之，不管是什么原因，拒绝别人时一定要委婉，这样才不会得罪朋友或伤害友情。

二、拒绝时要说清楚理由

拒绝别人时，一定要将理由说明清楚，不可以含糊不清，以免造成误会，例如：

“我好像不能出去玩。”

“我妈妈也许答应，也许不答应。”

“要看电影啊？我不一定能去。”

“我想，你还是……”

这样说话会让对方弄不清你心里的想法，很可能会引起误会。所以说话时语气要和缓，但是话一定要说清楚，让对方一听就能明白你的意思，避免因猜来猜去产生误会。

一个人只有用诚恳的态度、和缓的语气、肯定的内容去拒绝别人，才不会得罪别人，也才能获得别人的谅解。

三、拒绝是对事而不是对人

我们拒绝别人，是因为这件事不能做，或是做起来有困难，拒绝是针对事情而不是针对人。也就是说拒绝时，是要说明你对这件事的看法和你不能做这件事的原因，而不是拒绝人。一般人很难拒绝别人，是因为他认为拒绝朋友的要求，就等于拒绝了一个朋友。因为会来找你帮忙或谈事情的人，往往都是好朋友，拒绝他不就等于拒绝了朋友吗？其实我们只要想明白，我们是对事不对人的，那么，一些困难的情形就能变得简单多了。

坚守对事不对人的原则，我们说话的语气也会好一些；拒绝了这件事后，你对这个朋友还是会和过去一样好。当自己被别人拒绝时，也要记住这个原则，那你就不会生气了，因为别人拒绝你，表示他也有困难的地方。记住：拒绝并不是一件很困难的事，而且你也不会因为拒绝而失去朋友。

小设计师

我们常会听到或看到表示禁止的口号和标识，例如“禁止吐痰”“禁止左转”等。想想看，还有哪些口号和标识含有“拒绝”的意思？你也可以自己设计类似的口号和标识。

婉言拒绝

拒绝别人不是一件容易的事，我们来看看下面的小故事：

1. 美国总统富兰克林·罗斯福任海军军官的时候，好友向他询问美国新建潜艇基地的情况，罗斯福问他：“你能保密吗？”朋友回答：“能。”罗斯福说：“我也能。”

2. 春秋战国时，有个商人想讨好刚上任的新官子罕，就把一块美玉送给他，并说明这是请玉匠鉴定过的真玉。子罕婉言拒绝，他说：“我把不贪当作宝，你把美玉当作宝，如果我接受了你的美玉，我们就都失去了自己的宝。所以，让我们各自保有自己的宝吧！”

活用练习

拒绝别人真不是件容易的事，不管是自己的好朋友，还是向你推销东西的陌生人。想想看：如果哪天你碰到了下面的状况，怎么拒绝比较好？

1. 有人向你推销商品，你说要回家问问妈妈，但他叫你留下家里的电话和住址，这时你要怎么告诉他，随便留下住址和电话是不好的？

2. 同学没有写作业，要借你的作业去抄。可是老师说过，抄作业是不负责的行为，但他是你的好朋友，这时候你该怎么办？

tips

拒绝时要真诚地看着对方的眼睛，同时还要注意自己的肢体语言，不要总是环顾左右或表现得慌慌张张的。另外，私下拒绝往往比当众拒绝好。有旁人存在，如果被拒绝，会使对方觉得很没面子。

三句不离本行

一个人说话的时候，往往会“泄露”自己的身份，所谓“三句不离本行”。这里有一个例子，面对同一种情况，不同身份的人，说法都不一样。你来猜猜看，他们的身份各是什么？

今日话题：雨

甲：受降雨云团影响，明天本市大部分地区都将出现降水。

乙：一下雨啊，我的生意就好咯！

丙：我希望雨越下越大，大得不用去上学。

丁：我是标准的看天吃饭。

己：“渭城朝雨浥清尘”，多美的雨啊！

戊：富兰克林就是在雨天放风筝，才证实了闪电也是电的一种。

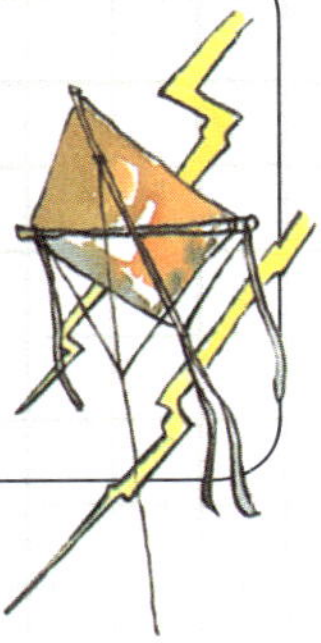

庚：雨下那么大还往外跑，感冒了怎么办？

参考答案：甲：气象预报员；乙：出租车司机或卖雨伞的；丙：学生；丁：农夫；戊：科学家；己：诗人或作家；庚：妈妈。

第五章·怎样与人沟通

如今的社会，人与人的接触非常频繁，懂得与人沟通的技巧，可以增进人与人之间的情感，也可以使人们的相处更融洽。要想维系好的人际关系，除了说话时要有礼貌、态度要和气，更要注意说话的技巧。尤其当我们的意见与对方不同时，更要小心处理，不要

因为处理不当而影响两人的友谊，或因而引起争执，增加沟通的困难。下面提供几个应注意的说话技巧，希望对你有所帮助。

一、怎样表达不同的意见

当你的意见和别人出现分歧时，首先要对对方的看法表示肯定，再说出自己的看法；其次语气要和缓，千万不要因意见不同而伤害了友情。你可以这样告诉他：

“对于这个问题，我很赞同你的看法，但是，我曾经听别人说这件事是……”

“你有独到的见解，但是我对这件事情的看法是……”

“我了解你的意思，但你想不想听听我的意见……”

二、如何给予建议和批评

当我们和别人谈话时，如果发现别人的观念不对、立场不正确，就会很想告诉他“你错了”；但是直接指出对方的错误，只会使对方产生不愉快的感觉，以为你是故意找麻烦。这样不但达不到规劝的目的，反而会影响彼此的友谊。那么我们应该怎么说呢？建议你不要直接针对问题来讨论，换个方式或角度，先站在对方的立场替对方想，然后再提出自己的意见。

“我曾在书上读到一篇文章，也谈到这个问题，书上说……”

“我曾听老师说过这件事是……你会不会是记错了？”

“我的经验是……”

“你的想法很特别，可是我听到的情形是……”

三、遇到争议时如何化解

当我们和他人谈话时，如果发现两人对事情的看法不同，千万不要大声争吵。因为意见不同，是两人看事情的角度不同导致的，这就好比“盲人摸象”，因为摸到的部位不同，而有不同的说法。

所以当两人发生争议时，可以先停下来重新梳理这件事，或是找权威的第三方来评个道理。我们可以说：

“我们与其争得面红耳赤，不如找个人来评评理，你说是

不是？”

“我们只是意见不同，看法不同，何必要搞得如此不愉快呢？我想我们暂时还是不要谈论这个问题了。”

“争论是没有意义的，我们何不去找本书来解答这个问题呢？”

俗语说：“话说得好，不如说得巧。”懂得说话的艺术，不仅可以维系良好的人际关系，得到更多朋友的帮助，让彼此的相处更愉快，也可以培养自己的幽默感，在处境窘迫时化解尴尬，为生活增添愉快的气氛，自己快乐，别人也快乐。

tips

一把坚实的大锁挂在门上，一根铁杆费了九牛二虎之力，还是无法将它撬开。瘦小的钥匙钻进锁孔，只轻轻一转，大锁就打开了。铁杆问：“为什么我费了那么大力气也打不开，而你却轻而易举地就把它打开了呢？”钥匙说：“因为我最了解它的‘心’。”在沟通时，也一定要多为对方着想，以心换心，以情动人。

希望你更好

你在想给朋友提一些建议和批评时，是不是不知道该怎么说才好？在这里，我们提供一些方法给你做参考：

1. 对事不对人：有建设性的批评应是对事而不对人的，以偏概全容易把事与人混为一谈。例如：你看到同学没把地板扫干净，本来想提醒他，却说成："你老是扫不干净，害我们每次都被扣分。"这种埋怨人的语气和话语，并不能起到积极的作用。

2. 态度要平和：批评别人时不要用斩钉截铁的语气，如"你应该……""你不应该……"批评通常只是个人意见，不一定是绝对的事实，所以批评别人时，别忘了用"我认为……""我觉得……"

3. 不要放马后炮：不要在事情过后才说："看吧！你就不相信我说的。""谁让你不听我的……"这样只会让对方更懊恼，而且也不能让情况有所改善。最好的做法是不要再提已经做错的事，而是尽量想办法解决问题。

4. 站在他人的立场：在提出批评之前，先替对方想一想：“如果换作我，听了这种话会有什么感觉？”“如果换作我，我希望在这种情况下被批评吗？”经过综合考虑之后提出的建议和批评才能得到良好的效果。

活用练习

你有过这种经历吗？和同学讨论事情的时候，彼此意见不同，谁也不肯让步。这时候，同学说了一些话，让你感觉很不好。想想看，你是不是也曾在气头上说过一些不得体的话，让场面更尴尬？试着把这些可能会伤害别人的话记下来，时时提醒自己。例如：

1. 你以为老师喜欢你，我就怕你吗？
2. 别以为你成绩好就可以欺负人！

3.(　　　　　　　　　　　　　　　　　　　　　　　　　　　　　　)

4.(　　　　　　　　　　　　　　　　　　　　　　　　　　　　　　)

一“鸣”惊人

春秋时代，楚庄王一心想称霸天下，但却受到权势强大的楚国宰相牵制，而朝中其他大臣又没有可用之材。因此，楚庄王虽有万丈雄心，却十分无奈，便饮酒取乐，整整三年不问朝政。他不准大臣进谏，违者一律死罪，大臣们只好闭紧嘴巴，不发一言。

楚国有位大臣名叫伍举，有一天他去觐见楚庄王。楚庄王不等他开口，就问他：“你是来喝酒的，还是来听音乐的？”伍举说：“有人叫我猜个谜语，我猜不出来，特来请教大王。”

楚庄王说：“说来听听。”伍举说：“楚国山上有只大鸟，色彩鲜艳，雍容华贵，不飞不叫，一停三年。不知这是什么鸟？”

楚庄王听了哈哈大笑，说：“这可不是一只普通的鸟。它三年不飞，一飞冲天；三年不鸣，一鸣惊人。”伍举拱手一拜，说：“大王果然英明。”

从此之后，楚庄王改革国政，延揽人才，果然成就了一番大事业。

给人建议和批评时，不能只是责备或埋怨；若能善用比喻，旁敲侧击，也许更有效果。

奇妙语文图书馆·阅读与表达

文章的体裁

十里长的蛙鸣

王大绩（北京市语文特级教师）/主审

郑利强/主编

電子工業出版社

Publishing House of Electronics Industry

北京·BEIJING

目录

CONTENTS

第一章 · 十里长的蛙鸣

画家齐白石和作家老舍生前是好朋友，常常一起讨论文章和绘画。

有一次老舍故意出了一个画题给齐白石，题目是“蛙声十里出山泉”，想试探一下大师怎么作画，能不能画出一番新创意。齐白石知道他的用意，没有马上作画，而是苦思了好几天，最后终于提笔开始作画。他画了远处的青山，近处则有层层的石头，一股清泉从山里流出来，几只活泼的小蝌蚪随着水流浮游着。老舍一看到画，仿佛听见十里之内的蛙声都在耳边叫着、响着，于是不停称赞说：“切题，切题，画得妙。”

齐白石到底哪里画得好呢？原来他认真地把题目看清楚了，“蛙声十里出山泉”，如果只画一条山泉，便表现不出有十里长，于是他画了一座远山，从山里流出一股山泉，因此溪水不止十里长吧！溪里有蛙，如果直接画出青蛙，没有什么创意，齐白石用了一个含蓄的手法，只画出活泼的蝌蚪，自然就令人联想到蛙声四起。所以，老舍称赞他的画切题又巧妙。

写文章也是一样，要先看清题目，再开始动笔。而在动笔写之前，还要想一想，应该采用什么文体。

有些题目已经暗示你该采用什么文体来写，例如“怎样孝顺父母”要采用议论文写；“一件难忘的事”则采用记叙文写；“给报社的一封信”采用应用文写；“我爱我家”采用抒情文写。如果你没有看清题目，并使用错误的写作文体，那就可能事倍功半。

但是也有许多作文题目，并没有暗示文章的体裁，这时你就可以依自己的喜好和专长来写。如“邻居”这个题目，可以写一篇抒情文《难忘的邻居》，描写和邻居的感情；也可以写一篇记叙文《妙邻居》，记录邻居发生的种种趣事；或者写一篇议论文，强调“与邻居的相处之道”；或是写一封信给邻居，把自己对邻居的感受表达出来。

选择不同的体裁，为的是适当、正确地表现出主题，使文章更完美。在这本书里，将介绍几种文章体裁的写法。

活用练习

下列这些题目，可以用什么文章体裁来写，请你判断一下。如果你不知道，读完这本书再试试看。

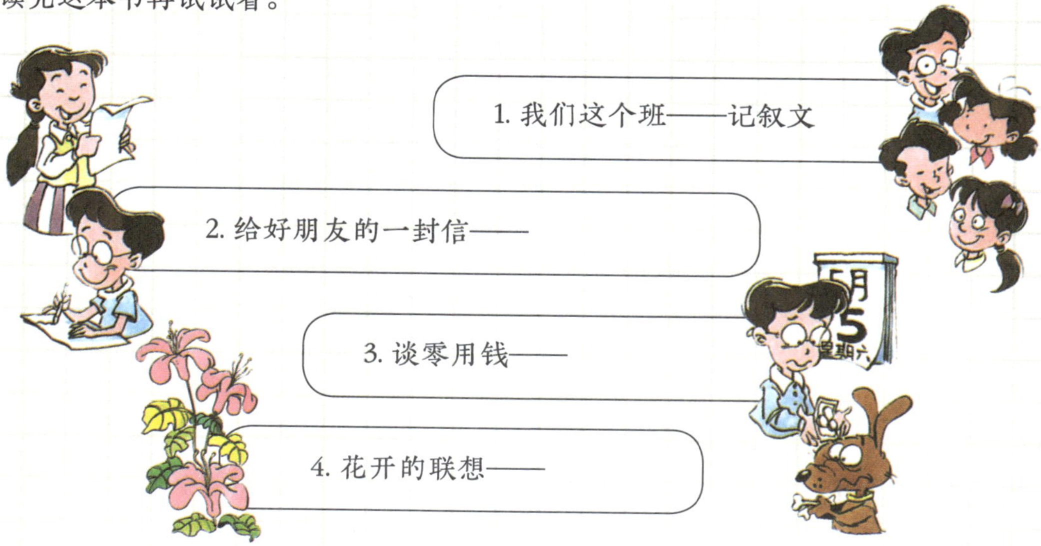

1. 我们这个班——记叙文

2. 给好朋友的一封信——

3. 谈零用钱——

4. 花开的联想——

第二章 • 记叙文

记叙文是根据看到、听到、想到、感受到的内容，写出人、事、景、物等各种静态或动态的一种文章。这种文章，通常依据它的内容性质，分为记人、叙事、状物、写景等类。

一、记人：主要记叙人的姓名、年龄、身份、形貌、个性、嗜好、专长或言行等。例如：

这位许老师初出茅庐，有着天真的赤子之心，常常和我们打成一片。她的脸圆圆的，字也圆圆的，正如她为人和善的处事态度，绝不和别人争论不休，也能虚心接纳别人的意见。我总是把她当成知己好友，和她谈天说笑，游戏玩耍。她擅长绘画，并常写一些意境深刻的抒情短文。

这段文字记叙了老师的姓氏、身份、个性、形貌、言行与专长等，条理分明。

二、叙事：主要记叙事情的起因、经过、结果，以及相关的人物、时间、地点等。例如：

溜冰场真大，里面有许多人在溜冰。其中有一个小弟弟，身上穿了一件黄外套，在溜冰场上“横冲直撞”，别看他个子小，技术还真不赖，连我都甘拜下风呢！现在，你看！他大喊一声就冲了过来，再来个急转弯，真像一颗陀螺，刹不住了就滴溜溜地转个不停，

然后又“砰”的一声跌坐在地上，一动也不动，过了好一会儿才起身，接着又开始笑嘻嘻地继续玩耍，真是可爱呀！另外还有个男孩，穿着白色的裤子，看起来像个溜冰生手，不停地跌倒不停地爬起来，一副不服输的样子，不断努力练习。看到他不畏艰难，努力奋斗的样子，真令我佩服！

在这段文字里，地点是溜冰场，人物是一个小弟弟和另一个男孩，作者将两人溜冰的经过描写得很生动。

三、状物：主要记叙物品、植物、动物的形态、特性或功用等。例如：

从山海关到嘉峪关，有一道全长 12700 千米的城墙，很像一条从山上奔腾飞跃至海边的巨龙。这条巨龙，就是世界闻名的万里长城！

在这段文字里，记叙了万里长城的形态。作者将长城比喻成一条龙，十分贴切。又如：

只要有一撮泥土，我就能萌芽；
只要有一滴露珠，我就会微笑。

在这一段诗里，作者采拟人的手法，记叙了小草无地不生的特性，活泼生动。再如：

我家的狗是一只全身长满黄毛的“混血儿”，但是我觉得它比任何名贵品种的狗还珍贵、可爱。它那乌溜溜的大眼睛，卷卷的尾巴，看起来真是可爱极了！不论什么时候，它都可以带给我们快乐。

在这段文字里，作者记叙了小狗的形态与功用，所记的是动物，与上两例不同。

四、写景：主要是记叙自然或人造的景象。例如：

大自然是如此神秘，大自然是如此奇异，大自然是如此多姿多彩，大自然让人探索不完，大自然令人捉摸不定。它仿佛就是一位大画家，画出了世界的美。

雨，一滴滴落在大地上，好像跳芭蕾舞似的，多么轻盈优美。

风，一阵阵吹在花草的身上，好像在说笑话，笑得花儿低了头，草儿也弯了腰，多么活泼快乐。

云，一朵朵飘来飘去，它有着各式各样的变化，代表着自由，多么洁白纯净。

月，闪烁着光芒，像光泽亮丽的珍珠，缀饰在柔软的黑缎子上，真是皎洁呀！

海，轻拍着沙滩，低低吟唱着，无边无际，是那么浩瀚宽阔。

山，一座座翠绿的山，要是从山上俯瞰大地，那种感觉，只有亲身体会才能知道。壮丽的山，真高耸啊！

太阳，高兴时笑得合不拢嘴，将口中的光芒照耀着我，使农作物生长得好。有时，又像一个酒醉的人，红着脸回家休息。太阳！太阳！好像是个红火球哇！

大自然是千变万化的，希望我们这些灵长类动物——人，能够好好爱护它，让美妙的大自然与人类和谐相处。

这篇文章采用“总分总”的形式，先写对整个大自然的观感，然后分别描述雨、风、云、月、海、山和太阳的自然美景，最后再总论大自然与人的关系，非常清新动人。

一般说来，如果只是记人、叙事、状物、写景，文章的感染力不足，因此，作者往往会凭借它来抒发议论或感想，这样做，不但能突显文章的中心思想，更能增强文章的感染力。

你看到哪个电视明星了?
长头发,大眼睛,身高165厘米,体重50千克左右。
TV

这是我的作文中的女主角。

小孩与狗

看看旁边的图，你能不能猜想一下这个小孩和小狗发生了什么事？为什么他们不回家呢？请你把这幅图的人、物、时间、地点和起头、经过、结果，写成一篇吸引人的记叙文。

活用练习

看看下面这张图，有几个第一次进城的人聚在铁道旁，谈论着火车。请你用生动的文字记叙这段情景。

这几个人，气喘吁吁地赶到铁道旁，等了很久，____________________

参考答案：小孩带着小狗来到一座陌生的城市。他们又累又渴，可是所有的商店都还没开门，他们只好坐在公园的椅子上等着……

精练的记叙

《左传》是一部有名的史书，书中记载了这样一件事：

有一次，楚庄王派申舟出使齐国，申舟路过宋国时，却被宋国的华元杀死。楚庄王听了这个消息后，十分震怒。

文中描述楚庄王生气的情形：“投袂而起，屦及于窒皇，剑及于寝门之外，车及于蒲胥之市。”意思是说，楚庄王一听到申舟被杀的消息，立即挥动袖子跳了起来。他顾不得穿鞋就向外跑，太监拿了鞋急忙追上去，直到寝门的通道才追上；他没佩带剑，太监忙着拿剑追上去，直到寝门外才追上他；他也顾不得坐车，车夫驾着车追出去，一直追到市集才追上他。

这一段记叙的文字写得有声有色，把楚庄王发怒的情景栩栩如生地展现出来。后来楚庄王在同年秋天讨伐了宋国，宋国战败，订下求和的条约，楚庄王总算出了这口气。

温故知新

一篇文章要有整体的描述和分项的叙述，才能呈现主题的全貌，也就是总起和分述。在以“海底世界”为主题的文章中，一开始就有这样概括的话：

“深深的大海底下，
有一个彩色的世界。
那里虽然幽暗，
却是一座
美丽的博物馆。”

文章一开始，先介绍了海底世界是一个什么样的地方，接下来再说出海底有各种植物：绿藻、海草；有各种动物：珊瑚、海葵、小丑鱼、灯笼鱼、狮子鱼、海马等，最后才又总论出：

“深深的大海底下，
真是一个
奇异的世界！”

这样的文章采用“总分总”的写法，一层一层地记叙海底世界的全貌和各种动植物，最后下一个结论，层次分明，叙述完整。

第三章 • 抒情文

抒情文是抒发内心情感，以激起共鸣的一种文章。这类文章，以题材来源来分，大致分为下面四类：

一、以人抒情：抒写对人的情感，包括亲情、友情或恋情。

二、借景抒情：抒写外界景象所引起的情思。

三、以事抒情：抒写对事件的感想。

四、因物抒情：抒写由物所引发的情感。

情感的抒发，通常不只借助一种题材，所以借景、感事、感物等题材，都可以出现在同一篇文章。例如：

校园周围的木棉树已落尽了繁花，棉絮迎风而起。忧郁的樟树，即将充满知了的叫声。知了、知了，我们都知了，一个分离的时刻即将来临，我们即将告别六年的小学生涯，心中生起一丝伤感，同时又夹杂着一丝因将升入中学而兴奋的情绪。

校园里，每一株草、每一棵树、每一个角落、每一条廊柱，都带着我们的回忆和许许多多的笑声，这一切的一切都像是衣物染上了油墨，擦也擦不掉，洗也洗不掉。多少个旭日东升，多少个彩霞满天，我和老师、同学一起切磋学艺，而今必须面对别离，有谁能忍得住满眶热泪呢？童年的脚步声，愈走愈远。我常听到中学的大哥哥、大姐姐说：“快乐的童年已经走远了，所以要好好抓住黄金时光！”

岁月的磨炼，使我们不再懵懂无知；成长，教我们学会珍惜人生。辛勤的师长们，传授了我们更多的知识，赋予我们分辨是非善恶的能力，尤其让我们有足够的勇气去面对困难、面临考验，在一次次跌倒后重新站起来。展望未来，似锦的前程正等待着我们。六年来，我们得到的太多：师长们的贴心关怀，同学们如手足般亲密的友谊，使我们沐浴在充满爱的环境下。我永远会记住：校长的谆谆教诲，老师的循循善诱，校园里青翠的草木，课间响起的悠悠钟声。

毕业不是结束，而是另一个阶段的开始。再见了！母校！我们将带着无数的回忆，离开您温暖的怀抱；再见了！师长！带着你们的祝福，奔向万里前程。今日我们以学校为荣，期待他日学校以我们为傲。

这是一篇通过回忆抒发依依离情的作品，共分四段：首段主要由校园里迎风而起的棉絮和知了的鸣叫（景），触生离情；次段主要先由校园里的草、树、角落、廊柱（物），来衬托离情，再由与老师、同学（人）一起切磋学艺的回忆（事），来渲染离情；第三段主要由师长（人）的教诲（事）、同学（人）的友谊（事），来加深离情；末段概括了前三段的意思，借由挥别母校与期待未来，表达出依依离别情。很明显，这是融合人、景、事、物为一体的一篇抒情文。

从以上的例子可知写抒情文时常要用到记叙，因此也有人把它归为记叙文。

活用练习

在日常生活中，我们会因为看见某些人、事或景物，而发出一些感怀。例如，当你看到母亲背着小孩，可能感觉很温馨，当你看到以下的图画，又有什么感受呢？

1.

2.

你在“喊口号”吗？你应该用真实的感受来表达。
妈妈的爱像阳光、像春风、像甘泉、像蜡烛……

哦！那妈妈的爱像汉堡，热乎乎的；又像冰激凌，甜甜的……

悲凉的抒情

曹植是魏晋时期的文学家，他是曹操的第三个儿子、曹丕的弟弟。他才华横溢，文章写得很好。

曹操死后，曹丕做了皇帝，他很嫉妒曹植的才能，所以想杀害曹植。有一次曹丕召曹植进宫，对他说：“人家都说你很有才干，我看未必。今天我命令你只走七步便要作出一首诗，不然我就杀了你。”曹植听完，立即走了七步，并作出有名的《七步诗》：“煮豆燃豆萁，豆在釜中泣。本是同根生，相煎何太急。”

曹植用“煮豆燃豆萁”这件事，来抒发自己被哥哥迫害的感叹，是一种以事抒情的写法。

后来曹丕又连续把曹植放逐到三个地方，而且一个地方比一个地方条件艰苦。曹植面对这种不稳定的生活，感到很哀伤，于是写下《吁嗟篇》，内容是感叹自己就好像断了根的蓬草，从早到晚，从东到西，从南到北，到处漂泊、流浪，无法回到生长的故土，自己甚至不如一根小草，小草虽然秋天会被野火烧死，但毕竟还连着根呢！这首诗以断了根的蓬草，来抒发自己居无定所、到处漂泊的悲哀，是一篇因物抒情的文章。

适当地表达情感

抒情的作用主要是以情感人，增加文章的感染力。抒情的写法可分为两种：

1. 直接抒情：直接把感情抒发和表达出来，引起读者的共鸣。例如直接写出对母亲的感恩之情：“母亲，您为了我们流血流泪，这份爱比山高、比海深，我们怎样报答得了呢？”

2. 间接抒情：将感情通过对事情或景物的描述，流露出来。例如不直接写出对亲人的思念，而写：“看着天上的星星，一闪一闪的，好像是爷爷炯炯有神的眼睛，我的眼泪不禁流了下来。”

抒情时感情要自然真实，才不会变得很空泛。

第四章·议论文

议论文是一种通过剖析事物，论述事理，发表意见，提出自己主张的文体。作者通过摆事实、讲道理、辨是非、举例子等方法，证明自己的观点正确或错误，从而树立或否定某种主张。

就议论文的内容而言，可将其分为论人、论事、论物三类：

一、论人：最早见于古代的史书。这些史书在叙述完一人或多人的事迹以后，往往用简短的文字，对人物的一生表现作出颂赞或评论。

如《史记》的《孔子世家赞》，《汉书》的《苏武传论》。不过，这些评论都只是附属在文章最后，还不算独立的文章。到后来论人的文章才自成一体。

这类议论文，评论的对象通常是知名的人物，可以从他的性格、思想、言语、行为，以及对当时和后代产生的影响着手，表达自己的意见和想法。

例如我们熟知的民族英雄郑成功，除了以记叙文叙述他的事迹，也可以用议论文来写他“明知不可为而为之”的性格，或是讨论他打退荷兰人、收复台湾的精神，并提出自己对他的看法。

二、论事：这是最常见的议论文，《论交友》《论尊师》《助人为快乐之本》《交通安全，人人有责》《拒吸二手烟》等题目，都是这一类的议论文。我们看看下面的例子：

成功与失败是相对的。当你成功时，也许你是尝尽了各种失败才得到这份喜悦的。即使一次就成功，但是往后或许还会失败；而且，缺少了由失败而成功的那份喜悦，那份浓厚的成就感。

成功是“甜”的，失败是“苦”的。任何一个人都喜欢成功，有谁喜欢失败呢？而当你经历过种种失败后，成功的果实，就更加甘醇，更加有味了，不是吗？

古今中外，哪一个伟人不是饱尝辛酸苦辣，才获得成功的？

像美国的莱特兄弟，为了发明一架飞机，实现人类自古以来想在天空翱翔的梦想，制作过程中花费了不少人力、财力和物力，尝尽各种挫折。经过一再修改，一再试验，他们终于成功，创下了辉煌的成就。

春秋时代，越王勾践被吴王夫差打败，在吴国受尽凌辱。他卧薪尝胆，经过了十年的磨炼，终于打败了吴王，这就是由失败而成功的典型例子。这许许多多的历史都在诉说着，成功的背后包含着血泪辛酸，而且唯其如此，成功才更显得可贵。

凡是承受得起考验的人，在失败之后，会抹去泪水，再一次接受挑战，直到成功为止。

人生不如意者十之八九，人本来就是从不断失败中吸取经验，成功的人永远是面对现实，接受挑战的；但失败也不可耻，只要吸取失败的教训，就会有成功的一天。没有打不倒的敌人，没有冲不破的难关，更没有不劳而获的事情。这种种都是上天给予的磨炼，我们就更应该去接受挑战，跨越失败，迎向成功之路。

这篇议论文，一、二段为绪论，用破题法揭示主题；三、四、五、六等四段为本论，用“总分总”的形式，以中外伟人的故事为例子，来证明一、二两段论点；末段为结论，总结全文，阐明主题。这是议论文中最常见的“总分总”的结构。

三、论物：主要是从探讨的角度来谈论各种大大小小的物，如《谈行道树》《岁寒三友》《我们只有一个地球》《课外读物》等，都是这类的作品。看看下面这一篇名为《钱最重要吗？》的文章吧！

人的一生中，钱最重要吗？不是的。健康比金钱重要得多了。如果一个人很富有，可是整天卧病在床，就算有金山银山也无法享受。富兰克林曾说过：“金钱是属于享受它的人，而不属于拥有它的人。”所以，健康的人才能当它的主人。

人的一生中，钱最重要吗？学问比金钱重要。如果没有知识，整天埋在钱堆里，只知道钱，其他什么事都不知道，人生活得蒙昧无知，这样的人就只能做金钱的奴隶。

人的一生中，钱最重要吗？信用比金钱重要。如果一个人没有信用，即使他很有钱，别人也不会相信他，他的一生就会非常孤单、寂寞。

其实人生比钱重要的东西还有很多，像感情、智慧、尊严等。所以做人做事都不能太看重钱，不然别人会看轻你的人格。

这篇论钱的文章，先以自问自答的方式，提出钱不是最重要的这一论点，再举出健康、知识、信用比钱更重要的例子（也就是论据），最后归纳出人生有许多比钱更重要的东西，而只看重钱的人会被别人看轻人格的结论。

一篇完整的议论文，应具有论点、论据和论证三大要素。论点也称论题，是作者对论述的问题所提出的看法和主张；论据是说明论点的理由和材料；论证是用论据证明论点的推理过程和方法。就《成功与失败》和《钱最重要吗？》来说，首先提论点（绪论），再举出论据（本论），然后做总结（结论），用的是先演绎、后归纳的论证方法。当然也可以先举论据，再说论点，也就是归纳的论证方法。上面的两篇文章都具备了议论文的三大要素，可说是完整的议论文。

温故知新

许多议论文也都会采用绪论、本论、结论的结构，来说明一些道理。例如用“为人类谋幸福”作主题，以演绎法和归纳法规划五个段落：

第一段是绪论，提出论点，说明为人类谋幸福的意义。

第二、三、四段是本论，举出蔡伦、爱迪生的历史事实，作为论据。

第五段提出大家贡献自己力量，人类会更幸福的结论。

整篇文章从第一段到第四段，是用演绎法来论证；然后用归纳法做出最后的结论。

TV
看电视的时间应该多长呢？

越短越好，电视看久了会伤眼睛。

你只看动画片和连续剧，不看新闻，哪能知天下事呀？
越长越好，这样才能“秀才不出门，能知天下事”。

议论文的两种论据

论据是用来证明论点的依据，它的内容有两大类：

1. 事实：发生在现实生活中的事实、历史事实、统计数字和典型事例，都可以作为证明的论据。例如：“中国的人口已达到14亿。”这就是具体的事实。

2. 理论：经过验证的科学理论，或大家都认同的格言、谚语等，都可用来作为论据。例如：“俗话说‘邪不胜正’，站在正义的一方，终究会得胜的。”

活用练习

愚公家门口有两座山，人们进进出出很不方便。愚公想要搬走这两座山，于是他召集了家人一起帮忙，要把山铲平，这是有名的“愚公移山”的故事。有的人看了这个故事，认为愚公执着的精神很令人敬佩，但也有人持相反的意见，认为愚公的做法很不切实际、很笨。你是怎么认为的呢？请把你的看法写出来。

跟上司打官司

春秋时期，周天子已经没有什么势力，除国都之外，全国各地都是诸侯的势力。当时势力最强的晋国刚打败了楚国，就在践土这个地方，召集了所有诸侯。只有一位诸侯——卫成公没有来。

会盟结束后，晋文公打算惩办卫成公，要废了他，另立他的弟弟叔武为卫君。叔武流着泪推辞，晋文公禁不住他再三请求就答应了。没想到叔武回国之后反被卫成公杀了。叔武的忠臣元咺（xuān）就奔往晋国去向晋文公哭诉，并请晋文公为叔武报仇。

晋文公把卫叔武的冤屈告诉了周天子，周天子只得派大臣士荣去审判这件案子。审判开始了，一边是原告臣子元咺，另一边是被告卫成公。

元咺把事情的经过说了一遍，大家都很同情叔武，但是士荣却偏袒卫成公，他说："自古以来做臣下的被君王误杀，不计其数，况且卫成公还杀了凶手，并隆重埋葬了太叔。你还告他什么？"

元咺冷笑说："夏桀杀了关龙逢（páng），成汤就征伐他；纣王误杀了比干，武王就征伐他。成汤是桀王的臣下，武王是纣王的臣下，臣下眼见君王胡作非为，乱杀大臣，就替老百姓征伐，除灭昏君，难道昏君可以肆无忌惮地作恶？而太叔是卫侯的兄弟，对国家有功，他的地位比关龙逢和比干还高，卫侯只不过是个诸侯，上头还有天子和霸主，他的地位更比不上桀王和纣王，所以卫成公怎么可以说是无罪的？"

元咺的话中提出了有力的论据，并做出完整的结论，使人不得不信服，所以他终于为卫叔武复了仇。

滉（huàng）柱的妙用

沈括是北宋著名的文学家和科学家。他很会写文章，而且精通自然科学，曾经写了一部综合性的科学著作《梦溪笔谈》。这部书包括了天文、历法、数学、物理、化学、生物、地理、医学、史学、考古、艺术等。

《梦溪笔谈》中有一篇文章写道，北宋初期，在钱塘江筑了大石坝；筑完石坝之后，在石坝前的迎水面又立了十多根大木柱，叫作“滉”。到了宋仁宗的时候，有人建议说：“滉柱没有什么用处，不如把它拔下来，还可以做成良材。”当时杭州的地方官信以为真，就照着做，结果滉柱取出来后，都已成了朽木，没有什么用处。可是滉柱一抽掉，钱塘江潮就直扑石坝。石坝年年被冲毁，反而要动员人工修理，耗资千万元。这是怎么回事？原来立在石坝前方的滉柱，可以让钱塘江潮的流速缓慢下来，消去江涛的水势，减弱攻击石坝的力量，这样石坝才能屹立不摇。可见滉柱的力量多大呀！

这是一篇阐述性的说明文，文中并没有提到作者自己的论点，而是说明了力学、流体力学、工程学等相关的科学道理，对后人的启发很大。

爱迪生

大发明家爱迪生，小时候功课不好，最后只好退学，改由妈妈来教他。长大后，爱迪生发明了电灯、留声机等，对人类贡献很大。

你认为这个例子，可以说明什么呢？

参考答案：功课不好的学生，将来不一定没有成就；许多伟人背后都有一个伟大的女性……

第五章 • 应用文

记叙文是记叙事物的情怀，重点在“物”；抒情文是抒发内在的情思，重点在“情”；议论文是阐明事物的道理，重点在“理”；而应用文，则将以上各种体裁应用到日常事务的处理，重点在“用”。

就应用文的用途与格式，大约可分为公文、书信、规章、契约、对联、题辞、会议文书、启事、请帖、简报、名片、日记、条据等。以下是写给朋友的一封信：

亲爱的如琪：

你好吗？我好想念你，你在美国过得好不好？去美国之前，你曾说过永远都是我的好朋友。不知道你现在还记不记得这句话？

考试成绩单公布了，我的成绩退步了，因为语文成绩不理想，所以分数被拉下来。想起以前，老师常常夸奖你品学兼优，相信你现在一定还是被老师称赞品学兼优吧！

你来信说不知道交朋友的诀窍，因为那里都是外国人，使你不知所措，而且语言文化又不通，实在很难交朋友。我认

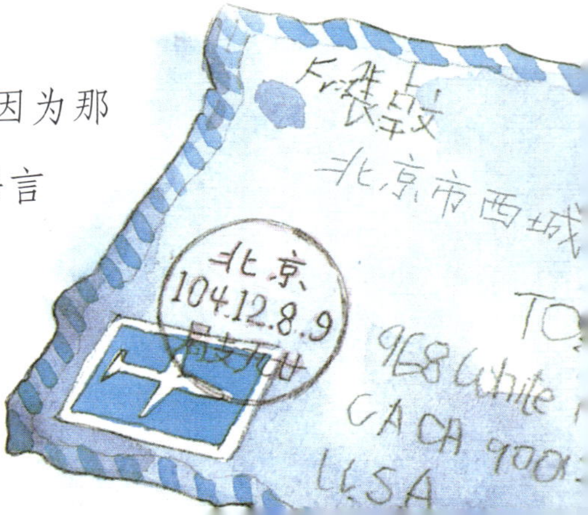

为你应该不要紧张，先去尊重别人，主动找他们玩，不可畏畏缩缩。古人说：“爱人者，人恒爱之；敬人者，人恒敬之。”这句话说得一点儿也不错。还有不要因为别人做错了事，便大发脾气，这样别人就会疏远你，“严以律己，宽以待人”，希望你能记住这句话，这样就能交到许多朋友。

最近我在学游泳，因为刚学，所以一开始就喝了好几口水，咳了老半天，难受得很。你以前在班级里，是大家公认的游泳好手，请你教教我游泳的方法，好不好？

现在五年级要举办班级的合唱比赛，因此，我常在家里大展歌喉，把家人吵得受不了了，我只好闭紧嘴巴，免得家人又要跟我抱怨了。

谈了这么多，也想听听你的消息。请赶快回信吧！

祝

身体健康

学业进步

友张卓文 敬上

2019 年 12 月 6 日

这封信，有开始的“称呼”与末尾的问候语（祝身体健康、学业进步）、署名 （张卓文）、敬辞（敬上）、时间（2019 年 12 月 6 日）和正文，是很完整的书信结构。

从文章的体裁来看，这封信的正文部分，首段抒情，次段叙事，三段说理，四、五段与末段叙事，将记叙、抒情、议论融为一体，最可看出应用文与其他文体的关系。

除了书信，日记也是大家常写的一种应用文，我们看看下面这篇日记：

八月十日　星期三　天气晴

今天早上，我高高兴兴地到了一家录音室，因为我和我的好朋友要访问一位小朋友都很喜欢的大朋友，那就是孙越爷爷。

在访问前，孙爷爷问了我们一些有趣的问题，让我们紧张的情绪烟消云散。访问时，我们说说笑笑，顺利地录完了。

从与孙爷爷的谈话中，我们了解到了他的生活经历。其中，孙爷爷说到他为什么去做禁烟义工，这是因为他自己本来有多年的吸烟经历，有一天，他想通了：“如果他吸烟，不但会使自己不健康，也会害了别人。所以就戒了烟。”

录完采访后，孙爷爷还帮我签名呢！然后，我们就和孙爷爷挥手告别。

日记是个人的生活记录，除了要记日期、气候外，最主要的就是内容要真，不能无中生有，也不必堆砌词藻，这是和一般作文不同的地方。这篇日记把访问孙越爷爷的特殊经历清楚记录下来，成为自己最好的回忆。

最后，要特别注意的是，不论你写的文章是夹叙夹议，还是抒情夹记叙，都必须分出谁是主，谁是次，才不会一下是记叙，一下是抒情，一下又是议论，使语句纠缠不清，内容失去重点。

应用文的特点

应用文是一种实用性强的文章，写应用文时要特别注意：

1. 简洁：文字要少而精，不需要太多描写，只要说清楚就可以了。
2. 格式：每一种应用文都有大家习惯使用的格式，不要弄错了格式，否则会闹笑话，别人也不容易明白。
3. 准确：应用文的内容要把事实传达出来，不能虚构。

人各有体

王羲之是我国有名的书法家。传说他学书法，为了力求突破，每天从早到晚，只要有空，就拿起笔来练字。

一天晚上，王羲之在睡梦中又在练字。他用手指头在王夫人的肚皮上画来画去，把王夫人惊醒了。王夫人生气地说：“人各有体，你怎么不写自己的（肚皮）？”这句话点醒了王羲之，原来他总是模仿前人的笔法、风格，而没有自己的特色。从此以后，王羲之的书法自成一体，充分表现出他的个性。

写字，有各种字体。写文章，也有不同的文体，选用适当的文体，才能贴切地表达意思。

谁来接信

我们常会写信给不同的人，除了自己的亲人、同学和朋友，我们还可以写信给谁，表达自己的意见呢？

（提示：可以写给好的对象，也可以写给不好的对象。）

书信的威力

南北朝时，梁和北魏两国对峙。梁朝有一位叫陈伯之的将官，投降北魏，在北魏当了将军。

后来临川王萧宏率军北伐，遇上了陈伯之，萧宏就命手下丘迟写了一封信给陈伯之，劝他投降。丘迟在信中指出陈伯之在梁和北魏的际遇大不相同，想要激起陈伯之对北魏的不满。接着他又义正词严地批评陈伯之叛国投敌的行为，同时反复说明梁朝既往不咎的宽大政策，并分析两国的形势，力劝他弃魏归梁。信的最后又用了几句话：“暮春三月，江南草长，杂花生树，群莺乱飞。”以故国风光唤起陈伯之的思乡之情。

陈伯之接到信后，果然大为感动，立刻率兵八千人回归梁朝。

这就是历史上有名的书信招回降将的故事。

参考答案：给小偷、给绑匪、给警察、给病魔……

活用练习

假设你住的地方附近没有公交车站牌，你必须走很远的路去搭公交车，十分麻烦。你想写一封信给客运公司，请他们在你家附近设立一个公交车站牌，你该怎么写呢？

（提示：请参考下面的格式。）

（称呼）

（正文）

（问候语）

（署名）（敬辞）

（时间）

奇妙语文图书馆·阅读与表达

小小演说家

林肯的演讲

王大绩（北京市语文特级教师）/主审
郑利强/主编

小猛犸童书
步印语文

電子工業出版社
Publishing House of Electronics Industry
北京·BEIJING

目录

CONTENTS

第一章 • 林肯的演讲

亚伯拉罕·林肯是美国第16任总统，就任总统以前，他是一位杰出的律师。

有一次，一位又盲又跛的老婆婆来请林肯帮她打官司。原来她的丈夫在美国独立战争中为国捐躯，她应该拿到400美元的抚恤金，但却被贪婪的官员侵占了一半。

林肯听完老婆婆的话，决定为她争取全部的抚恤金。他做了一番准备，便上法庭做出了精彩演讲。他先说明美国在独立之前，人民受到压迫，为了争取自由，大家奋起反抗。而军人站在最前线，有的在战争中受伤死亡，有的在冰天雪地里挨饿受冻。现在，军人的遗孀要领抚恤金，却还受到官吏的剥削。

最后，林肯说："为战争而牺牲生命的英雄，已在另外一个世界安息。陪审团的先生、女士们，士兵已长眠安息，现在他年迈的、既盲又跛的遗孀前来申冤，请求帮助和保护，我要问的是，我们该不该帮助她？"

这场成功的演讲不仅博得了陪审团的同情，得到了他们的赞同，老婆婆也得到了全额的抚恤金。

好的演讲可以提出自己的看法，引起听众的注意，使他们产生共鸣，这个小故事就是最好的例子。

无论是在班级、学校、社团还是在家中，我们都会遇到需要在大家面前说出自己意见的情况。例如，开班会的时候要报告事情或发言讨论，加入新社团的时候要进行自我介绍，还有可能会参加演讲比赛，或者向家人说明自己要参加某个活动的理由，这些时候，你都需要进行演讲。演讲时不仅要说出自己的意见，还要能影响别人的看法，使他们赞成我们的主张。

我们常说：“我有话要说。”那么，要说些什么？怎么说？又应该怎么准备内容呢？这些都是很重要的问题。学习演讲，就能解决这些问题了。这本书将教你掌握各种演讲的技巧，使你比别人说得更好，使你的演讲达到更好的效果。

如何做好当众宣布

如果你是班干部，就会经常需要当众宣布事情。

宣布事情时，要特别注意以下几点。

1. 要将目的、参加人员、日期、地点等信息正确、清楚地说出来。

2. 确保全部的人都能听得到，说话音量要稍大，速度要快慢适中。

3. 为了吸引大家的注意，要特别注意开头的用语；为了让大家都能记住，可以将重要的信息再重复说明一遍。

例如：

“各位同学！想不想看看我国最有价值的地方？这礼拜六下午1点，请同学们在学校操场集合，班主任要带大家参观故宫博物院。请记住！这礼拜六下午1点，在学校操场集合。”

如何做自我介绍

开学第一天，通常要做自我介绍；交到新朋友，也要做自我介绍。

自我介绍就是自己介绍自己，可以从自己的名字说起，带到出生地、年龄、个性、兴趣等。为了加深别人对自己的印象，也可以说一则自己的小故事，使自我介绍更加生动活泼。

自我介绍是使别人认识自己的一种方法，所以要说得清楚、明白，最好能表现出自己的特点。

第二章 • 怎样准备演讲

为什么考试前我们要充分准备呢？因为准备得越充分，我们考得越好。同样的，要想使演讲成功，也必须事先做好充分的准备。

参加演讲时，大部分人会先写演讲稿，然后照演讲稿背诵，再加上各种动作、表情的练习。这就是有稿子的演讲。参加这种演讲，有充分的时间准备讲稿，而且讲稿可以请老师帮忙修改，因此大部分同学能够讲得比较好。

有些演讲是临时起意，或事先不知道题目，演讲前半个小时或10 分钟，才抽签决定题目，这种演讲就是“即兴演讲”。因为没有时间写讲稿，背讲稿，所以比较困难，也不太容易说得好；但是它可以训练口才和胆量，以及一边讲一边想的能力。

还有一种演讲，准备讲稿的时候，只写各段大意及头尾的关键句，演讲的时候，按照大纲一边想一边讲。演讲人使用这种方式，既可以发挥即兴演讲的能力，也可以避免出现不知道说什么或说错话的情况，这种演讲叫作大纲式的演讲。我们参加演讲时，常常没有那么多时间写讲稿，所以大纲式的演讲，是很重要的一种演讲方式。

一、有稿子的演讲

背诵演讲稿可以一段一段来，先念两三遍，然后试着脱稿背诵，背不好再打开演讲稿念两遍；等每段都背熟了，再从头到尾背背看，

这样比将全篇一口气读完容易得多。如果有好几次都背不出来的地方，那么可以将其修改为容易记的句子，或者特别留心去记它，这样最后演讲时才能顺畅自然地“说”出来。

背演讲稿时要注意声音的强弱和抑扬顿挫，全篇背熟后可以想想，哪些地方可以加入手势、姿态等，使演讲更有力量。最后，在上台演讲前，一定要再仔细念一遍。

二、大纲式的演讲

也有人将只有大纲而没有演讲稿的演讲称为打腹稿的演讲，因为演讲稿只是没有用纸、笔写出来，并不是真的完全没有演讲稿。这种演讲也要事先做充分准备。

可以采用几种方法来拟定大纲，使演讲内容条理井然，丰富精彩。第一种是“故事法”。如果有熟悉的故事，可以将故事作为主要内容，然后从故事中找出一两句很有意义的话，把故事和题目联结起来，作为演讲的开头。结尾可以根据题目来决定，遇到“如何、怎样”之类的题目，在结尾可以提出简要的做法，勉励大家去做。一般的题目，只要把故事说完再拉回题目上即可；如果能做到前后呼应或找到名人的话当作结尾，当然更好。

第二种是“时序法”。按照“过去、现在、未来”三段，分别展开。按“时序法”列出的大纲适用于大部分题目。

第三种是“推论法”。按照“是什么、为什么、怎么样”的推论程序来说明，这种方法也可以用在许多演讲题目上。

写下每段的大意以及头尾的关键句后，可以把大纲当作讲稿，一段一段地试讲一下。每次试讲不需要完全一样，只要意思相同、将观点表达清晰就可以。全篇都分段试讲后，就可以整篇试讲了。这时候要测算并判断一下演讲时间是不是合适，如果太长或太短，就要立刻调整，增减资料或语句。这种调整最好在大纲上注明，以免忘记。

有些人会利用录音设备辅助练习大纲式的演讲，这也是一个好办法。试讲的时候用录音设备录下来，再放出来听听看，如果有不妥当、不顺畅的地方，就立刻换个说法。整个过程就像是在写演讲稿，

只不过是“写”在录音带上而已。

真正演讲时，不一定能看大纲，但只要将前后顺序记熟，就可以演讲得较为顺利。不过，有些人会夹杂着“啊、是说、就是、的时候”等不必要的字词，听起来不流利。为了避免犯这样的错误，平常说话就要注意改正。跟好朋友约定彼此纠正口头语，是既有效又有趣的好方法。另外，在演讲时可以说得慢一些，一边想一边讲，想好了再讲，这样不仅不会说错话，还可以避免出现太多的口头语。

三、即兴演讲

即兴演讲时，要采用最合适的方法，针对演讲的时间、性质及对象，说出最合适的内容。它无法事先拟定大纲，也不能写演讲稿，没有受过演讲训练及经过长时间准备的人，很少能成功地完成即兴演讲。

准备即兴演讲要读过许多书，而且最好将内容记清楚，要不然演讲时缺少素材，无话可说，就会使听众感到内容贫乏。这就像平时不储蓄，紧急时就没有钱可用一样。

首先，要把学校里老师教的知识都牢记于心，这是大多数人都懂的基础知识，你一旦说错，听众一下就会知道。其次，要多阅读课外读物。看课外书时，发现重要的资料，可以用小笔记本抄下来，这个小笔记本可是准备即兴演讲的宝贝！

准备即兴演讲还要多练习，包括练习语言组织的能力、一边讲一边想的能力等。除此之外，还要能根据听众的反应随机应变，选择合适的演讲内容及表达方式。

活用练习

冬冬去芳芳家还书，结果芳芳不在。冬冬留了一张纸条给芳芳，上面写：

> 芳芳：
>
> 来访未遇，真不巧！
>
> 还书 2 本，请伯母代收，敬请查收。
>
> 冬冬
>
> 2020 年 10 月 3 日

如果冬冬打电话给芳芳说明这件事情，他应该怎么说，才能把话说得清楚明白？

（喂！芳芳，我是冬冬。

____）

今天的午饭

这是一个训练注意力及记忆力的游戏。大家排定顺序后从第一位开始说，第二位必须把第一位说的内容先说出来，再加上一句话，其他人依此类推。例如第一个人说：“今天午饭我吃了一碗面。”第二个人说：“今天午饭我吃了一碗面、一块鸡肉。”第三个人说：“今天午饭我吃了一碗面、一块鸡肉、一个苹果。”

凡是记不住的就被淘汰出局，说错了也被淘汰出局，周而复始，直到只剩下一个人为止。

活用练习

下面提供了一份用“时序法”写出的演讲大纲，请利用每一段开头的句子及每段大意提示，进行一次 3 分钟的演讲。

题目：我是环保小标兵

第一段：有一首歌的歌词是“蓝蓝的天，雄鹰翱翔，绿绿的草场放牧牛羊……”（从美丽的家乡讲起，讲一讲以前的环境有多好。）

第二段：有一次，我看到……（说一则自己亲眼见到的破坏环境卫生的事，再说说自己的感想。）

第三段：要做到保护环境，不破坏自然生态……（说一说保护环境的具体做法。）

演讲比赛评分标准

你参加或旁听过演讲比赛吗？你有没有发现，有的演讲者往台上一站就气势十足，再加上他口若悬河，台风稳健，总能赢得热烈的掌声及评审老师的高度评价。

想要赢得高分，就要了解演讲比赛的评分标准，这样才能稳操胜券。

演讲比赛通常以内容组织、语言表达、仪态精神和时间控制等 4 项为计分依据，每项所占的比例分别是 40%、30%、20%、10%。其中，仪态精神最为直观。演讲者是否精神饱满、充满自信、礼貌周到、神情自然，评审老师一看便知，参加比赛的人，要特别注意哟！

tips

为了让评委耳目一新，可以在开场问候语上下一番功夫。比如最后一位参赛者就可以说："感谢把我放在最后，我一定不辜负大家，给大家带来精彩的演讲。"

编故事高手

老师在教室里会做什么事呢？一定是教书吗？

打棒球非得在棒球场吗？

现在，请你抛开原有的想法，让自己的脑袋解放一下，发挥你的联想力，进行下面的游戏。

第一组	第二组	第三组
自己的名字	教室	看漫画
好友的名字	公共汽车	做梦
老师的名字	游泳池	打棒球
最崇拜的人	马路	唱歌

1. 根据 提示，在第一组卡片上填上名字。

2. 分别在每一组中任选一张卡片，将选出的三张卡片组合起来，编成一个故事。例如：

好友　教室　看漫画

自习课的时候，好友在教室里看漫画。

冬冬 游泳池 打棒球

冬冬在没放水的游泳池里练习打棒球。

试试看，你能编出多少个故事？

第三章 · 怎样写演讲稿

准备演讲稿时要自己动手写，一边写一边念，这样才不会写出不好讲的稿子。其他方面跟写作文差不多，可以先拟定大纲，然后一段一段写下去。

演讲稿一般可以分为开头、中间、结尾三个部分，中间部分的篇幅约占五分之三以上，开头和结尾都不超过全篇长度的五分之一。演讲时 1 分钟大约讲 180 个字。

写完演讲稿后，要从头到尾仔细看一遍，可以低声念，也可以默读。看完后马上想一想：这篇讲稿是否说出了题目的重点？每一个句子的衔接是否紧凑？前后段排列是否妥当？发现不合适的地方就马上改，改完后要再大声朗读一遍，看看有没有发音奇怪、连起来不顺口或不好读的地方，如果有也要马上改。如果觉得写得不好，又不知道怎么改，还可以请老师、爸爸、妈妈、哥哥、姐姐帮忙。其他人帮忙改好后，你也要再朗读、检查一遍。

一、演讲的开头

在开始正式演讲前，一定要规规矩矩地行礼，然后称呼在场的人。称呼的时候应注意先后顺序，一般来讲， 应该职位高的排在前面，职位低的排在后面；具体称呼在前，一般称呼在后。为了加深印象，还可以在开场时将题目重复一遍。例如你要在周会上演讲，许多老师、同学都来听讲，周会由校长主持，那么你在行礼以后应该说："尊敬的校长、各位老师、各位同学，我今天演讲的题目是《爱护我们的校园》。"

下面，具体介绍几种开头的方法。

首先是“故事法”。很多人喜欢听故事，所以在演讲的开头可以讲一个跟题目有关的实例或故事，这样会使听众从一开始就集中注意力。但是要注意，应该选择与题目密切相关，且简短、精彩的实例或故事。

其次是“名言法”。可以选择成语、格言或名人名言作为演讲的开头。这类语句精简有力，只要选择得当，跟题目关系密切，跟后面的话连接自然，听上去就会像是专门为你造的；听众更是会觉得你出口成章，与众不同。

还有些演讲开头就直接说出题目的主要意思，或是说明题目的重要性，这就像打开门窗就看见雄伟壮丽的山景一样，所以叫作“开门见山法”。这个方法使人觉得简明，干净利落，最适合用在报告或开会的发言中。

这几种方法可以并行使用。例如，升旗仪式结束后，教导主任讲“交通安全”，他说：“马路如虎口，这句话真不错。上星期我看见一个年轻人一边走路，一边看手机，不仅闯了红灯，还被汽车撞得头破血流。可见遵守交通规则是多么重要啊！”他的演讲是用什么方法开头的呢？其实，3 种方法他都用到了。首先说“马路如虎口”，运用的是名言法；接着说他看见的车祸，运用的是故事法；最后说“遵守交通规则是多么重要”，是开门见山法。

二、演讲的中间

你吃过鱼吗？鱼肉最多的地方是中间段，好的演讲也应该如此，最重要的观点都在中间段进行说明。如果要表达的观点比较多，那么可以将其细分成几段，就像鱼比较大的时候，妈妈做鱼时会先把它切成几段一样。

演讲的中间部分要能使人听明白，必须一点一点慢慢说，而且应该将一点说清楚后再说下一点。注意，不可以一会儿说这点，一会儿又跳到另外一点；那一点还没说完，又回头说这点。这样杂乱无章，听众很容易听不懂你到底要说什么。

要避免杂乱，可以先列一个大纲，把每一小段的大意写下来，然后按照大纲一段一段地写下去。

在演讲的中间段，也可以举一些实例故事，来证明和支持自己的观点。如果是叙述或报告式的演讲，还可以用“感官推展法”，先讲看到什么、听到什么，接着表达自己的意见；也可以描述味道、颜色、感觉等，这样更容易引起听众的兴趣，使他们注意听。

如果有合适的成语或名人名言，当然也可以引用，这会提升演讲的格调，使人觉得典雅、重要。没有合适的成语或名人名言也没有关系，稀松平常的话，只要讲得明白、说得有力，也能成为很好的演讲词。

三、演讲的结尾

做事情要想成功，就必须坚持到最后一秒钟，演讲也是如此。演讲的结尾表现得好不好，对演讲的成败影响很大。在讲解演讲的开头的几种方法时，举了教导主任讲“交通安全”的例子，他在结尾时可以说：“各位同学！请大家注意交通安全，上学及放学排好路队，服从指挥，千万别忘了‘马路如虎口，行人小心走’！”像这种开头与结尾互相呼应的方式，就叫作“前后呼应法”。

讲“爱护我们的校园”，结尾时可以说：“各位同学，我们要维持校园整洁，爱护花草树木，自觉保护公物，做个爱护校园的好学生。”在结尾时将演讲中间的要点重申一遍，可以使听众的印象更深刻，这就是“要点总结法”。这种方法使用起来很容易，而且能使听众立刻找到重点。

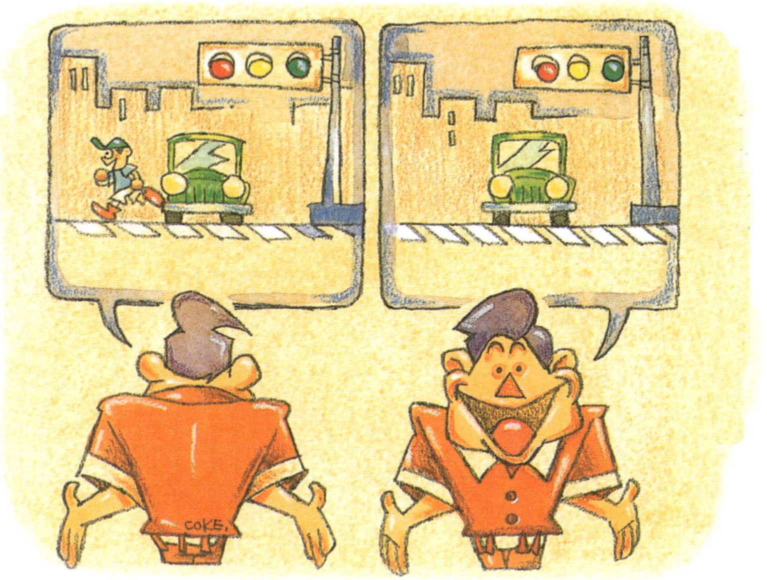

生日派对上，寿星在演讲的最后说："谢谢老师和同学们为我举办这个派对。我祝福老师天天快乐，也祝福同学们日日进步。"这个结尾大家都听得满心欢喜，这就是"祝福道谢法"。

1994 年，纳尔逊·曼德拉宣誓就任南非总统，在就职演说中，他说："这片美丽的国土永远、永远、永远不要再重演人压迫人的惨剧，永远、永远、永远不要再蒙受为世人所唾弃的屈辱。人类取得的这项无比辉煌的成就将永放光华。"他在这段演讲中祝福了国家，提出了政府施政的理想，这就是"提出精义法"。这种方法用在庆祝等场合，可以使演讲更为庄重典雅。

说给你听

演讲是一种口头表达方式，要让听众听得清楚、明白，语言就要简练、易懂。下面有几点要特别注意。

1. 尽量用词语代替单字，这样能让听众更加明白你要表达的意思。例如，将“可”说成“可是”，“但”说成“但是”，“如”说成“如果”，“虽”说成“虽然”，效果会更好。又如，把“确是”说成“确实是”，可避免与“却是”产生混淆。

2. 应使用标准的普通话，吐字清晰，声音洪亮，尽量不用方言或外来语，避免让人听不懂。

3. 尽量用短句，这样会显得简洁有力。

4. 尽量用口头语，少用书面语，这样更便于听众理解。例如，“大家好”就比“诸位好”来得亲切、清楚。

活用练习

放寒假时，冬冬一家人到日本玩。开学后，冬冬迫不及待地想把自己的旅游见闻和同学一起分享。请你帮冬冬想一想，如何用不同的开头方式说出令他难忘的旅游经历呢？

名言法：百闻不如一见

开门见山法：

故事法：

鱼？

大鱼不来小鱼来，小鱼不来虾蟹来；虾蟹来了小鱼来，小鱼来了大鱼来。好多鱼呀！请问，我一共说了几次“鱼”？

参考答案：7次。

演讲中的名言

约翰·肯尼迪是美国第35任总统，在总统就职典礼中，他发表了一篇著名的演讲，其中有一句话后来成了广为流传的名言：“不要问国家能为你做些什么，而要问你能为国家做些什么。”这句话激励人们爱国，为国家做有意义的事。

甜言蜜语

“妈妈，我爱您！”

母亲节到了，你想写张卡片表达一下对妈妈的爱意吗？假如没有“爱”这个字，你该怎样表达这句话呢？

参考答案：换句话说，画出来，用英文写……

活用练习

请你动用各种感官，描述一下“课间 10 分钟”的情景。你可以参考下面的例子。

我看到——同学们一窝蜂地冲出教室。

我听到——“我们来玩老鹰捉小鸡好吗？”

我吃到——好甜、好冰的红豆冰棒！

我闻到——从食堂传出阵阵饭香，让我觉得饥肠辘辘。

我想到——课间可以做游戏，真好玩。

紧张大师

你容易紧张吗？你在台上演讲时，会不会感到两腿发软？别担心，这里有一些“绝招”，可以帮助你缓解紧张情绪。

1. 做好充分的准备，并且反复练习，增强自己的信心。
2. 上台之前做几次深呼吸，或弯弯腰、伸伸手脚，活动一下，可以消除身体肌肉的紧张，使心情放松。演讲时，适当地做些手势，也可以缓解紧张情绪。
3. 告诉自己这不是演讲，只是聊天，台下的校长、老师只是你聊天的对象，而不是来打分的。
4. 如果讲一半忘词了，别自露马脚，你可以就刚才讲的最后一句话继续发挥。例如讲交通安全的要点，第一是行人该走人行横道，如果这时忘了第二点，那么可以就人行横道的知识来展开，等到想起第二点时再继续。

做个快乐的听众

你听过演讲吗？你会不会觉得听演讲很无聊？下面就教你几招，让你在听演讲时有所收获。

1. 找出主题：在演讲开始时，先找出主题。
2. 找出主要的论点：演讲人为了突显、说明主题，常会举出很多论点，也许是正面的肯定，也许是用反面事例来衬托。
3. 找出论据：每一个论点都有论据支持。仔细听演讲人的推论，这往往是最精彩的部分，而且你也可以从中学一些推论的方法。
4. 不必急着判断：先听听演讲人的说法，这样或许有意想不到的收获。全部听完之后，才能对他的演讲做出真正的评断。

tips

许多同学在演讲时不敢停顿，总想把内容赶紧讲完。其实，适度的停顿是演讲的一部分，甚至会使你的演讲提升一个台阶。你在表达某个鲜明的观点之前可以停顿一下，这就像在文章中把一些观点或金句加粗，可以使它们更加醒目，令大家印象更深刻。

温故知新

写文章时，可引用一些句子或文章来强调或辅助说明文章的主旨。例如：写一篇劝人“多出去走走”的文章，开头可以这样写：

古人说：“读万卷书，行万里路。”意思就是人除了要读书，还要到各地旅行，以增长见识。

这就是用名言来强调主旨，使内容更强而有力。

第四章 • 演讲的声调

一篇很好的演讲词，如果不当面说给听众听，那只能算是一篇文稿，并不是演讲；要把文稿变成演讲，就必须加上抑扬顿挫的声调：有时候低沉，有时候高扬，有时声音弱小，有时说得响亮，还有些时候要停顿一下。

演讲开始的时候，要说得平稳清楚，不要太大声。有些人一开始就高声大喊，不久就会声音嘶哑，影响后面的演讲效果；有些人则一开始声音太小，许多人根本不知道他已经开始讲了，不久就会秩序大乱。所以一开始的声音要大小适当，使每个人都能听得见即可。

演讲中说到特别重要的字句时，可以提高音量，使大家提高注意力。也可以在重要字句前稍微停一下，然后用清晰缓慢的声调说出来，这样也能达到吸引听众注意的效果。

如果句子里有某一个词特别重要或怕人误会，可以把那个词说得特别响亮，使别人一听就能立刻明白全句的意思。

句子比较长的时候，中间要稍微停顿一下，但要注意停顿的位置，不要让听众产生误解。例如朱自清先生写的《匆匆》一文里，有一句“像针尖上一滴水滴在大海里”，如果这句话中间要停顿，那么一定要停在“一滴水”的后面；如果停在“一滴水滴”后面，意思就完全不同，没法跟“我的日子滴在时间的流里”相呼应了。

演讲的声调也要跟我们的情感相配合：说到高兴的事情，声音要响亮轻快；说到严肃的事情，声音要肃穆；说到悲伤的事情，声音应微弱舒缓；说到沉痛的事情，声音应低沉有力。演讲的声调变化，依照个人性格和特质的不同，也会表现出很大的差异，例如英国前首相丘吉尔在演讲时不但强调声调上的抑扬顿挫，还会加上手势和大动作，让人印象深刻。第35任美国总统肯尼迪演讲时的语调轻快有力，让人如沐春风。第40任美国总统里根在演讲时会带着亲切的笑容，语气就像与朋友话家常一般，这使他的演讲具有很强的亲和力。

演讲的声调，跟平常讲话并没有太大的差别，只是同时讲给许多人听，所以必须声音大一点儿，速度慢一点儿，使大家都能听得清楚明白。有些人上了演讲台一紧张，声音会变得平淡呆板，缺少

抑扬顿挫的变化；也有人会用朗诵诗歌的语调，显得矫揉造作。只要不犯这些毛病，轻松愉快地上台把演讲词“说”出来，人人都可以成为小演说家。

温故知新

演讲是向许多听众说话，所以首先要使听众听得见你说的话。也就是在演讲时，要注意声音的大小，要能让最后一排的人听得见。

另外，演讲时要注意腔调。每说一句话，轻重快慢都要合节拍、有神韵、有气色，使听的人完全明白。说一大段话也是这样，什么地方该轻、该重、该快、该慢都要经过思考。例如：“张骞通西域/原是为了/打败匈奴。”“张骞通西域”是这句话的重心，应该说得格外慢、格外重。

记住了这个技巧后，再多加演练，就可以让说话变得更具说服力。

活用练习

芳芳去应征小演员，她必须通过“试镜”才能被录取。“试镜”的表演题目是用喜、怒、哀、乐 4 种声调说出“你终于来了！”这句话。如果你也参加“试镜”考验，你会怎么做？除声调外，也可以加上表情和动作哟！

1. 你终于来了！（喜：用欣喜若狂地语气，好像见到多年不见的好朋友，内心感到很兴奋。）

2. 你终于来了！（怒：用生气、不耐烦的语气，好像对方迟到很久，令你很生气。）

3. 你终于来了！（哀：用伤心的语气，好像来不及见亲人最后一面。）

4. 你终于来了！（乐：用轻松上扬的语气，好像见到要好的朋友般愉快。）

口腔“体操”

找几位同学一起来比赛吧！首先抽签找出 2 位同学，第一位是准擂主，第二位为挑战者。由挑战者选择一则绕口令朗诵，准擂主随后以同一则绕口令应战，由不出场的人决定两人的胜负。

如果准擂主赢了，可得 1 分，成为正式擂主；如果挑战者赢了，则可以得 1 分，升任擂主。接着再抽签找出下一位挑战者，继续比赛。

如果评分结果是挑战者与擂主同分，则两人各得 1 分，换另一则绕口令复赛。复赛时要比咬字正确率及时间长短，咬字正确、错误少的人分高；若两个人都没有错误或错误数量一样，则由时间长短决定胜负，念得快的人赢。

下面提供 5 则绕口令：

1. 红凤凰，黄凤凰，红粉凤凰，粉红凤凰，花粉花凤凰。

2. 东家东门种冬瓜，我家西门种丝瓜，西门丝瓜大，大不过东家东门种的大冬瓜。

3. 抱着灰鸡上飞机，飞机起飞，灰鸡要飞。

4. 八百标兵奔北坡，炮兵并排北边跑，炮兵怕把标兵碰，标兵怕碰炮兵炮。

5. 小鸭子，扁扁嘴，一天到晚想喝水；喝了开水烫了嘴，叽哩咕噜滚下水。

第五章 · 演讲的姿态与手势

在演讲时除了要注意声调，还要注意自己的姿态，并加上适当的手势。

演讲者上台以前，要注意整理服装仪容：头发梳好，不要让头发遮住脸或额头；衣服要整洁朴素，不要配太耀眼的装饰品；鞋袜要干净而舒适。鞋袜太大或太小，或潮湿污秽，都会让双脚受罪，使人很难把演讲说好。

轻松自然地走上舞台后，一定要站在舞台正中央、距前缘 1 米左右的地方。有的人到了礼堂的舞台上，还没走到中央就开始讲；也有的人站在距离舞台前缘很远的地方讲，这都是不对的。最好事先去看一下舞台，以免站错位置。

开始演讲以前，要先面带微笑扫视一下全场的听众，假装在听众中找熟识的人，但是眼光不可在一个人身上停留太久，不然对别的听众不好，对被看的人也不礼貌。

开始演讲时必须慢一些，许多人都会因为太紧张而说得很快，导致听众听不清楚。这时候眼睛仍可在听众间扫视，但不可以很快而规律地转动，否则就会像工作中的雷达天线一样。演讲时，眼睛更不可以死盯住天花板、地面、桌子或墙壁，不然无法捕捉听众的目光和反应。

说话时可以配合着手势，例如，说到激昂奋发的地方，可以做出双手握拳向上举的手势；说出事情的要点顺序时，可以伸出右手手指，做出表示“1”“2”“3”的手势。手势应和话语配合，不可快于或慢于话语，以免让听众觉得奇怪、不自然；手势和动作也不宜太多、太复杂，以免分散听众的注意力。

在演讲时，适当的站立姿势会使演讲者的神态更加自然，一般来说，站姿以“稍息”的姿势最为合适。采用这种站姿，不仅看上去自然而优美，活动起来也很方便。

演讲结束后，先向听众说声谢谢，然后行个礼，从容地走下舞台。这样就完成了一次非常完整的演讲。

演讲手势学问多

演讲时，如果配合适当、自然的手势，可以使演讲更生动，令听众的印象更深刻。当然，手势不必太烦琐，只要能做到“表情达意”就算成功。

下面是一些常见的手势，各有不同的作用。

除了脸部表情可以让人了解喜、怒、哀、乐，手势也是传达感情的一种方式，你不妨试试看。

比手画脚

有一位外国朋友不会说中文，她向你做出3个手势，表达她想说的话。猜猜看，她说了些什么？

参考答案：你看，那个人长得好高哇！

小猛犸童书

步印 语文

奇妙语文图书馆·阅读与表达

课外阅读天地

黑牙和白皮

王大绩（北京市语文特级教师）/主审

郑利强/主编

電子工業出版社

Publishing House of Electronics Industry

北京·BEIJING

目录

CONTENTS

第一章 · 黑牙和白皮

《镜花缘》是清代文人李汝珍写的一本小说，书里描述了唐敖等人在海外游历的故事。

这一天，唐敖和同伴多九公来到黑齿国，在街上看到一间女学堂，就走了进去。学堂里的老先生很客气地和他们打招呼。老先生看他们是读书人，便谦虚地请他们指导一下他的两位女学生。

黑齿国的人，不但牙齿是黑的，全身皮肤也是黑的，只有眉毛和嘴唇是红的。多九公仗着自己博学多闻，又看这两个女孩年纪不大，而且学堂的书架上也没摆几本书，料想她们没什么学问，不会问出什么深奥的问题，就大方地答应教导她们。没想到这两个十四五岁的女孩提出的几个问题，把多九公问得哑口无言。多九公急得满头大汗，真恨不得有个地洞可以钻进去。

这时，正好他们的另一个同伴林之洋来找他们，他们便借机告辞。三个人谈起这个地方的风俗，原来这里的人不论男女，都看重读书，可是他们又缺书，要么从外国高价买书，要么辗转借来抄写，想看一本书，要花费不少力气，所以他们都把书好好地收藏起来，不放在书架上，以免被偷。

不久，他们又到了一个国家，叫白民国。这个国家的人，长相俊美，衣着光鲜。三个人走到一间学堂门前，里头一个年轻人请他们进去。有了在黑齿国的经历，他们一看到学堂就觉得恐惧，但最后还是硬着头皮进去了。

学堂里的学生个个长得俊秀，衣帽艳丽，老师是个风度翩翩的美男子。书架上摆满书籍，墙上挂满字画。他们三个看到这种情景，都表现得非常谦虚，和在黑齿国完全不同。

那位俊美的老师问他们读过书没有，他们紧张地说：“虽然以前读过，但现在都忘了。”于是老师训斥他们：“看你们长得白白净净，却不读书，站到一边去，不要让我的学生沾染到你们的俗气。”三个人恭敬地站到一边，听老师讲课。没想到这位神气的先生却是个草包，讲起课来错误百出，他们听得差点儿笑出来。

三人走出学堂，谈起在黑齿国和白民国的遭遇，都说人不可貌相。要实际去读书，才能真有所得；如果书很多却不读，只是摆着虚张声势，那真是太可惜了。

开卷有益

有些人在书店看到琳琅满目的书，就忍不住买下来。

可是，买回去之后，只翻了几页，便摆在一边不再看了。是不是很可惜？

书要打开来看才有用，请从这一点来想一想，书像什么？

（提示：什么东西是打开才有用的？）

参考答案：降落伞、水龙头……

爱读书的皇帝

宋太宗是个很爱读书的皇帝，宫中有专门为他编书的大臣，他还规定自己每天一定要读三卷书。如果哪天因为太忙，没空看书，他也会在后来有空的时候，多花一些时间，补足一天三卷的数量。

他身旁的人看他每天一定要读三卷书，实在太累了，就劝他说：“您都已经是万人之上的皇帝了，何必这么辛苦地读书呢？”

太宗却笑着回答：“开卷有益，我不觉得读书是件辛苦的事啊！”

这就是“开卷有益”这个成语的由来。

第二章 • 欲穷千里目，更上一层楼

唐朝有一位诗人，名叫王之涣，他曾经写了一首诗，题目是《登鹳雀楼》。

白日依山尽，黄河入海流。
欲穷千里目，更上一层楼。

这首诗写的是登楼望远所见到的景色，描绘了黄河、大海、万里河山的雄壮景观。后两句除了写实景，还有更深的含义：想要看更壮阔的景色，就必须再登上更高的一层楼。同样的，人在生命的旅程中，想看得更多、更远，有更高的成就，就必须更向上进取。上了一层楼，还有更高的另一层楼等待我们登临，我们只有不断地吸收新的知识，奠定深厚的学问基础，才能拥有登高的力量。

要想拥有深厚的学问，只靠在学校的学习是不够的，而要多方面吸收，日积月累。

最简单且方便的方法，就是多多阅读课外读物。

或许你会说：“哎哟！学校的功课已经那么多了，还要读什么课外读物啊！”其实，大部分课外读物的内容都是既生动又有趣的，你可以从轻松的阅读中获取丰富的知识。不信？你可以试试看！

我国近代著名的学者梁启超先生曾写过一篇文章，告诉我们读书的快乐，题目是《学问的趣味》。通过读书，你能得到心境上的宁静，能得到知识的满足，还可以培养自己的品德，体会无限的喜悦。

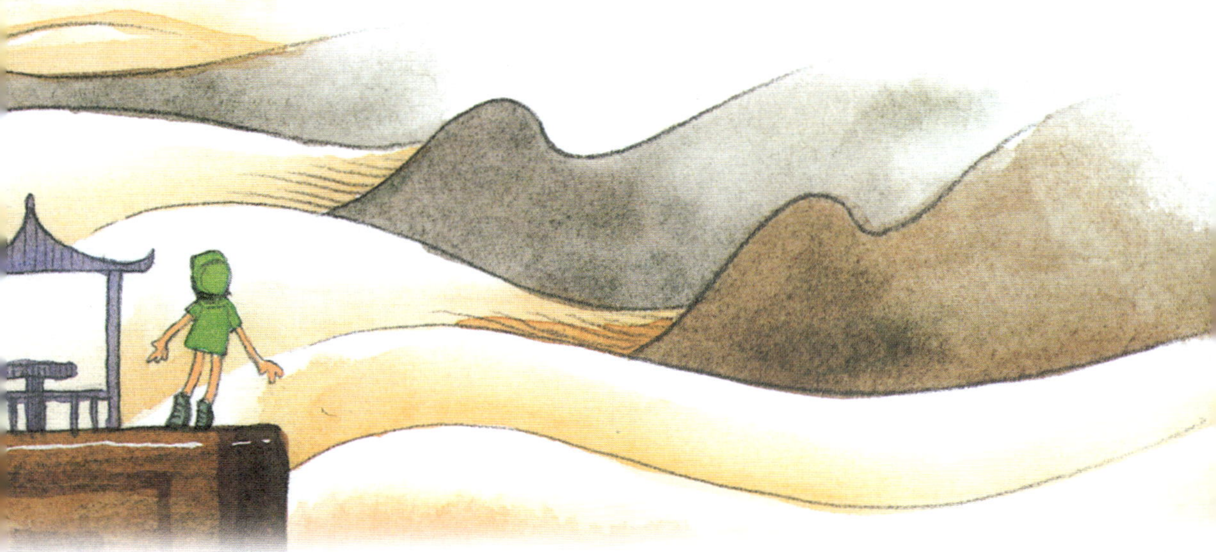

读书不需要外力的帮助，也不会受到外在环境的影响，而能收获巨大的快乐。这种快乐很难说给别人听，说了别人也不一定能理解，就如古人说过的一句话：“如人饮水，冷暖自知。”读书的快乐只有自己细细去体会了。

或许你还会说：“我常看课外读物啊！市面上的漫画书，我大部分都看过，而且还看得滚瓜烂熟呢！”漫画书的确是课外读物，但是课外读物并不只有漫画书。有很多小朋友只看漫画书或是某一类的课外读物，这就像“偏食”一样，是不正确的阅读习惯，应该多方面阅读才对。

我国近代的大文学家胡适先生曾鼓励年轻人，做学问的时候要用一句话策勉自己：“为学要如金字塔，要能广大要能高。”

为什么做学问要像建金字塔，“要能广大要能高”呢？

大家一定在图片中看过埃及金字塔，基座宽大，越往上越小，看起来像“金”字的造型，又稳、又宽、又高、又尖。读书做学问如果像建金字塔一样，基础宽大厚实，境界高而远，这

学问不就又渊博又深厚了吗？这个人一定可以看得远，一定能在求学、为人和做事上，取得了不起的成就。而多读书就是建造学问金字塔的不二法门。

市面上有许多为儿童制作、出版的书籍，各式各样的内容精彩万分。你可以选择适合自己年龄和兴趣的内容阅读，让学问慢慢地“更上一层楼”，而且“像金字塔一般高大渊博”。

活用练习

儿童节，冬冬和芳芳都得到了图书礼券，终于可以去买自己想买的书了。他们拿着自己列的书单来到书店，在儿童区找了好久，才找到其中的一本。请你告诉他们，应该怎样找这些书。

他们要买的书有：《给孩子讲莎士比亚》《宫泽贤治不朽童话集》《悟空传》《河流》《桥梁》《打开故宫》《世界历史思维导图 · 大事记》。

（提示：这个书店的儿童区共有5个书架，分别为摆放着世界文学、中国文学、自然科学、社会科学、历史传记。先确定这些书分别属于哪个类别，再到那个类别的书架找就可以了。）

不一样的感觉

请你说说看，对你来说，教科书和课外读物，有什么不一样？

参考答案：看教科书像在食堂吃饭，看课外读物像自己点菜，买教科书是妈妈出钱，买漫画书是自己付钱……

解缙写对联

解缙（xiè jìn）是明朝人，很会写文章，人称才子。他是明太祖洪武年间的进士，曾做过翰林学士。因为他很聪明，反应快，文思敏捷，所以民间流传着很多他的传说。

有一年除夕，解缙看到邻居赵员外家墙里冒出了一片青翠的竹林，灵机一动，写了一副对联："门对千根竹，家藏万卷书。"写好之后，他将对联贴在了门上。

赵员外想为难一下解缙，就把家里冒出墙头的竹子削掉了。看不到对面的竹林了，就不能说"门对千根竹"，门上的对联和实际景物不符。

聪明的解缙在上下联的末尾各加上一个字便解决了这个问题："门对千根竹短，家藏万卷书长。"

赵员外不死心，索性把所有的竹根都挖掉了，他心想：这下解缙没办法了吧！谁知第二天，解缙门前的那副对联变成："门对千根竹短无，家藏万卷书长有。"

爱恶作剧的赵员外看了，只好自叹弗如。

第三章 • 丰富多彩的儿童读物

一般来说，稍有规模的书店和图书馆都有专为儿童设置的区域，陈列着各式各样的儿童读物。仔细看一看，可以发现其中有图画书、童话、历史故事、世界名著等，还有一些为儿童编写的工具书，如儿童百科、自然图鉴、作文百科等。这些专门为小朋友写的书，就是儿童读物。

近几年来，儿童读物越来越多，我们只要走进书店或图书馆，就会看到五花八门、各种形式的儿童书籍。有的书打开第一页，就会有立体画面出现；有的书能发出声音，有的书还有气味呢！当然，也有的书不以新奇取胜，而以内容丰富有趣和文笔流畅生动来吸引小读者。

有的书写动物，有的书写历史伟人，有的书写动人的童话故事，有的书写引人入胜的游记，也有的书写科学世界、幻想世界。这些书放在一起，真叫人眼花缭乱！

一般，我们将儿童读物分为下面几类。

一、图画书

图画书是以图画为主、文字为辅的书，有的甚至除了书名，从头到尾一个字都没有。这种书通常比较适合学龄前或是低年级的小朋友看，不过有些图画书的内容意义深远，插图精美，大人小孩都爱看。

二、文学书

这是儿童读物中最常见的一类，内容涉及童话、寓言、历史、民间传说、探案冒险等。故事中有主角，有配角，还有完整、复杂、精彩的情节。这类书通常以文字为主，图画只是陪衬，比较适合已经上小学的小朋友阅读。文学书的内容有的是真实的，有的是虚构的，有的情节曲折离奇，有的内容真实感人。这些生动、有趣的故事，对小朋友的想象力、创造力、注意力和认知都有好处。

三、传记

传记所记载的通常是伟人、成功人士或影响历史的大人物的故事和事迹，可以分成自传和由他人编写的两种。小朋友阅读传记可以了解书中主角成功的经历，学习他们努力奋斗的精神，这类书对小朋友形成正确的价值观及确立人生目标很有帮助。

四、诗歌

诗歌有一定的韵律，很适合小朋友阅读吟诵，从中可以欣赏文字的优美意境。

五、科普读物

这类书籍有的只介绍某一方面的知识，例如自然科学、历史、地理、美术、语文等；有的则是综合性的介绍，例如百科全书。

六、卡通动漫

生动的图画、简短的对白、紧凑的情节及丰富的想象力，是这类书深深吸引小朋友的原因。但是市面上的卡通动漫书良莠不齐，小朋友应该谨慎选择。

七、报纸杂志

这类读物定期出版，内容大多是综合性的，也有一些有专门主题，例如科学杂志、作文杂志。

八、有声读物

提供磁带、光盘或电子文件，能增加阅读乐趣，提升学习效果。近年来，有声读物的发展非常迅猛，已成为儿童读物的一种新趋势。有些是单独出版，但是大部分都配合书籍出版。小朋友可以一边阅读，一边播放音频文件，也可以分开单独欣赏。

活用练习

图书馆举行查书名、作者比赛，芳芳和冬冬都报名了。

现在，他们正在卖力地查资料，你也加入他们的行列吧！

比赛的题目共有 5 道：

1.《博物馆□□□》麦克 · 尼克松 著

2.《给孩子讲莎士比亚》罗益□ 主编

3.《□□的一天》桑德利娜 · 米尔扎 著

4.《桥□》韩婧 著

5.《了不起的中国故事》蔡□ 著

（提示：书名不完整的，可以根据作者找到答案；作者名字不完整的，可以根据书名找到答案。试着上网搜索一下吧！）

活用练习

请你把自己的书架整理一下，将书分类排好，仔细看看自己都有什么书，然后动手填写下面的调查表。

图画书　　共（　　）本

文学书　　共（　　）本

传记　　共（　　）本

诗歌　　共（　　）本

科普读物　　共（　　）本

卡通动漫　　共（　　）本

（　　）类　　共（　　）本

（　　）类　　共（　　）本

（　　）类　　共（　　）本

做了这个调查之后，你会更加了解自己都有什么书。如果调查发现某一类的书特别多，而其他类别的却很少，甚至没有，那就得想法子“均衡”一下，可不能“偏食”哟！

第四章 · 书海里选好书

从前的人劝人读书，总说“开卷有益”。可是随着科技的进步，印书变得越来越方便快捷，市面上的书五花八门，多如牛毛，却好坏不一。这种现象，从好的方面来讲，是让人有自由选择的机会；从不好的方面来讲，真叫人眼花缭乱，无从选择。所以，在茫茫书海里选择好书，是现代人必备的能力。

所谓的“好书”的标准是什么呢？有人说“很多人买的畅销书就是好书”，也有人说“自己喜欢看的书就是好书”，这两种说法都对，也都不对。怎么说呢？因为如果有一本书大家都买来看，表示这本书很受欢迎，应该是本“好看”的书，但不一定是好书。

例如某些漫画书，虽然小朋友喜欢看，但有的有知识性错误，有的内容偏暴力，或有导向性问题，是不建议未成年人阅读的。所以，“受欢迎”和“喜欢看”只是好书具备的条件，但还不够。

那么，当你到了图书馆或书店，看到书架上琳琅满目的书籍时，该如何从中选择好书呢？下面有几个好书必备的条件供你参考。

一、适合自己的年龄

通常，出版社在编辑出版儿童读物时，会以年龄段作区分，如还没有上小学的，也就是学龄前的小朋友是一类，低年级的小朋友是一类，中高年级的小朋友又是一类。为不同年龄段的小朋友编写的书籍，不论是遣词造句还是内容，都会有深浅的差异。尤其是知识性的读物，深浅的差异更是明显。

二、语言文字流畅、优美、易懂

如果一本书的文字十分拗口或艰深，让人读起来很不舒服，那么不管它的内容有多好，也不能算是一本好书。尤其是翻译类的书籍，最容易犯这个毛病。一本好的儿童读物，语言一定要简练又不失优美，让人读起来能够乐在其中。

三、主题健康、积极，有启发性和知识性

好书可以让人读了感动，而不是变得感伤或悲观。好书会把艰深的知识以生动有趣的方式讲解出来，深入浅出，让小朋友在快乐中学习，而且永难忘怀；好书会使小朋友努力向上，传播正确的价值观；好书能提升小朋友的想象力，使他们产生旺盛的创造力。

四、内容符合小朋友的生活经验

翻译自国外的书，有的内容和中国的国情、生活习惯不同，甚至观念相反。

如果编者没有仔细挑选或特别注明，小朋友就很难体会书中内容的含义。如果书中提到的事情是小朋友自己曾经有过的经验，就比较能引起共鸣。

五、设计、印刷和装订的质量要高

一本好书，每一页的字都应该很清晰，色彩让人看了舒适。字太小、模糊，或字间距、行间距太小、太大，都会影响阅读，有损视力；而色彩过于浓烈或暗淡，插图粗糙，会让小朋友产生认知偏差。书的装订要牢固，否则翻看不久就会七零八落。有些书的封面上会有一层保护膜，不易沾水，容易保存。书的大小、尺寸也要考虑，年纪小的朋友就不适合阅读过大或太厚重的书。

六、要有翔实的版权信息

版权页通常在一本书的扉页之后，上面记载了图书在版编目、作者、责任编辑、出版社、印刷厂、书号、定价等信息。如果版权页的资料不完整，则有可能是盗版书，或图书质量不合格的书。

大部分小朋友对什么是好书的判断力还不够，如果你不知道该选什么样的书，可以请长辈或老师帮忙。

希望小朋友们都能挑选到适合自己阅读的好书，拒绝粗劣的出版物，使它们不得不被淘汰，这也是帮助儿童读物提升水准的方法。

小白的自白

各位小朋友，当你看到我的名字时，千万别以为我是一只小狗或小猫。我既不是狗也不是猫，而是道道地地的一本书。

说起我的名字小白，那真是令人伤心。因为我有许多错字、别字，也就是白字，所以大家都叫我小白。白字居然成为我的特点，并且使我因此而得名，你们可以想象，我有多么郁闷了。

除了白字，我还有很多其他的毛病。我的印刷不清，字又小又模糊，而且用的纸张也不好，很容易伤害小朋友的眼睛。我的文字不通顺，图画也不美观。总之，我全身上上下下，到处都是毛病。

其实，这些都不是我愿意的，我也希望能当你们的好朋友，而不是坏朋友。可是，那些做书的叔叔、阿姨，不知道怎么搞的，都不仔细地把我弄好，就急着推我出门，害我现在全身都是毛病。

现在，我躲在书店的一个角落里，没人愿意和我讲话，也没人愿意理我。我很寂寞，也很自卑。我多么希望能做你们的朋友，可是又怕会伤害你们。我真的是矛盾极了。唉！我只希望能有机会“重新做人”，这样我就可以抬头挺胸，成为一本真正的好书，做你们真正的好朋友。

活用练习

你就读的学校有图书馆吗？还是班里有个图书角呢？你知道你的同学们最喜欢看哪一类的书籍吗？被借阅次数最多的10本书是哪些？先后次序是什么？

你可以找个同伴和你一起做个“市场调查”。首先有礼貌地向老师说明你们的调查计划，请老师协助。在调查的过程中，你会发现一些有趣的现象或是意想不到的情形。最后，根据调查结果做一个“最受欢迎书籍排行榜”，并且公布给所有的同学，相信他们一定会很感兴趣的。

好书分享

如果你看了一本好书，很想分享给全校的同学，可以运用哪些方法？

参考答案：写读后感并投稿到校刊；请老师邀请作者来学校演讲……

最省钱的课外读物

如果你不想花太多钱买书，那么到图书馆借书是个好方法。一般的图书馆分为“闭架式”和“开架式”。到闭架式的图书馆借书，必须先从查询系统或目录卡片中找寻自己想要的书籍名称、编号，填在借书单上，然后和借书证一起交给柜台的阿姨或叔叔，再由他们交给负责找书的工作人员，到书库里找出你要借的书。找出书之后，做好登记，你就可以借出来好好阅读了。

开架式的图书馆就不必麻烦工作人员帮你找书了，而是可以自己到书架找书，直接翻阅书的内容，看看是不是你想要阅读的。找到书之后，可以在图书室阅读，也可以登记后借出来阅读。

第五章 · 怎样阅读课外读物

想想看，自己最早看的是什么书呢？自己还不认识字的时候，看的又是什么书呢？

相信儿歌是大多数小朋友培养阅读兴趣的第一步。小朋友从儿歌里可以学到很多知识、道理，还可以借着儿歌学说话。我们试着以一首儿歌为例，就能知道儿歌的趣味了。

拍手歌

你拍一，我拍一，
保护动物要牢记。
你拍二，我拍二，
孔雀锦鸡是伙伴。
你拍三，我拍三，
雄鹰飞翔在蓝天。
你拍四，我拍四，
天空雁群会写字。
你拍五，我拍五，
丛林深处有猛虎。
你拍六，我拍六，
黄鹂百灵唱不休。
你拍七，我拍七，
竹林熊猫在嬉戏。
你拍八，我拍八，
大小动物都有家。
你拍九，我拍九，
人和动物是朋友。
你拍十，我拍十，
保护动物是大事。

这首儿歌富有韵律，既有趣，又包含许多知识，相信小朋友听了，一定很开心，也可以从中得到一些启发。

儿歌可以使小朋友体会到阅读的乐趣，再长大一些，就可以进一步发展到看图画书了。图画书里有美丽的图画，有的还有简单的情节。听爸爸妈妈讲述，再加上自己从图画中展开的联想，就是初步的阅读。识字之后，就不用再缠着大人讲故事，而是可以靠已经培养起来的阅读兴趣自己去读，不知不觉，就走进了课外读物五彩缤纷的天地里。

读书不但能获得很大的乐趣，而且还能从中得到益处。如果读书得法，就会有更多的收获。在学校阅读教科书时，有老师指导，那么，自己阅读课外读物时应该注意哪些事情呢？

一、选看得懂的好书

这是阅读的第一步，一本看得懂的好书，才会让你读得津津有味，并有所收获。

二、耐心地读完一本书

有的小朋友读故事书，才看了开头几段，就迫不及待地翻到后面看结局，知道结局就算看完了，再也不去看其中的过程。这是很不好的习惯，根本不算读了一本书，这样读书，根本看不到书中精彩的地方，体会不出其中的趣味。

三、选择适当的时间阅读课外书

这是很重要的！有的小朋友只要拿到一本课外书，就饭也不吃，觉也不睡，功课作业更是不理，连爸妈讲的话都听不到，一心一意要把书看完才肯罢休。如此一来，不但惹爸妈、老师生气，更是破坏了自己正常的生活规律。

知识是慢慢累积的，不是看一两本书就马上会有显著的进步。但是，小朋友仍然可以努力让自己从看过的书中得到较多的收获。例如：记下书中优美的词句、成语和文章的写法，以增强写作文的能力；向书中具有良好行为道德和积极向上态度的人学习；吸收书中正确的知识等。

你还可以借助“读书卡片”来培养自由阅读的兴趣，在阅读中自学。养成写“读书卡片”的习惯，不但可以提高语文能力，还能提升学习效果。不过，课外阅读是一件快乐的事，不要太过严苛地要求自己，只要培养阅读的兴趣，自然而然地喜爱阅读就可以了。你可以试试下面的方法：

读完一本课外读物，把令你印象最深刻的人、事、物写在读书卡片上。不必把新学到的字、词、句全部抄下来，只要把最有心得的写下来就可以了。当然，如果一时写不出来也没关系，就暂时空着吧！也许过些日子有了新的感触或心得，再补上也可以。

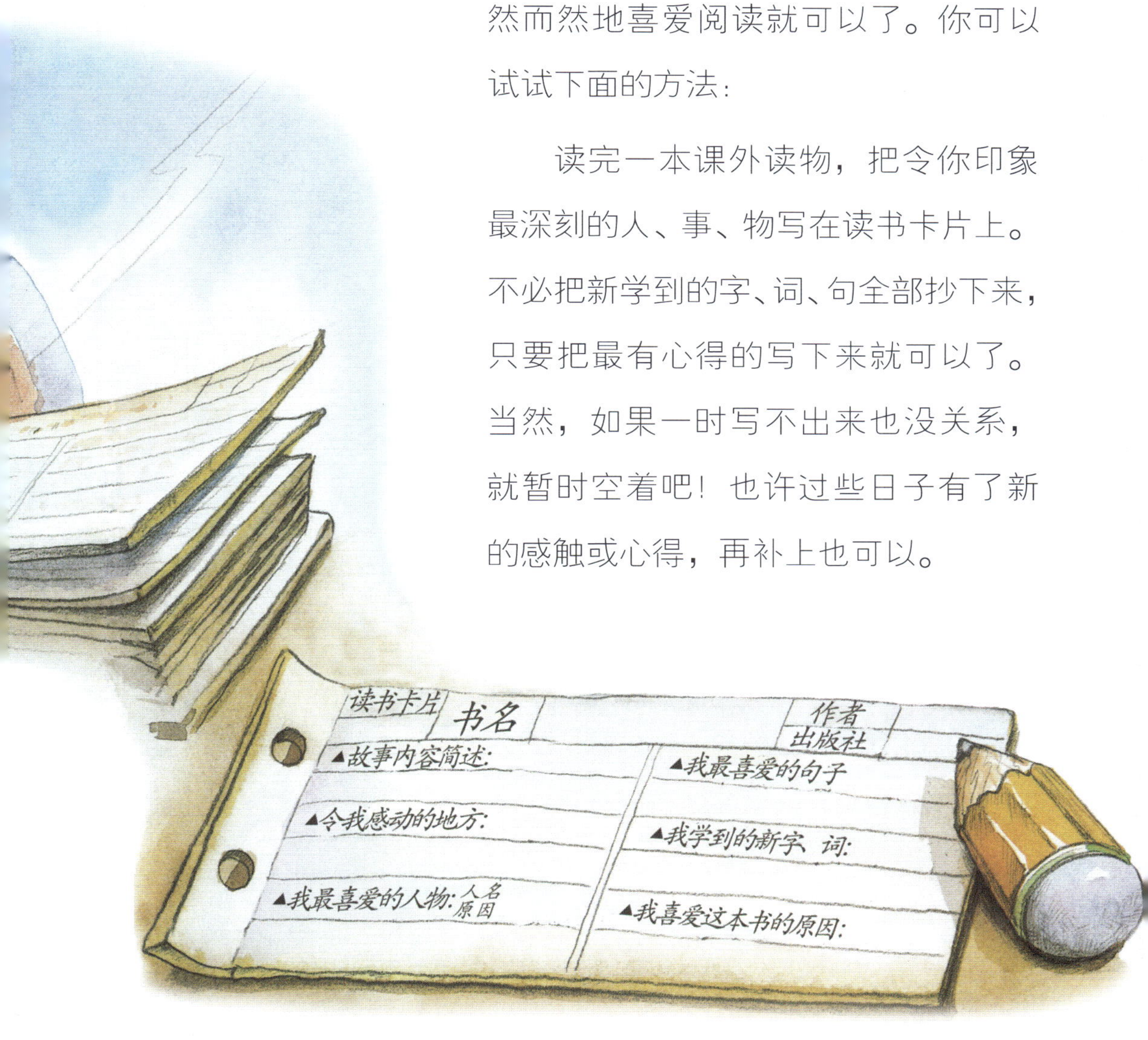

快乐地看书，自在地填写，看完一本本书，写下一张张卡片，一年之后，你会发觉自己掌握了许多新的词语和知识，对生活和人生有了新的收获和见解。看过的书，不再是过目即忘，心中一片空白，你更会发觉自己从书中找到了许多新朋友，他们藏在你内心的世界里，你比任何时候都满足、快乐。

古人说："罗马不是一天造成的。"知识也绝不是一蹴（cù）而就的，没有长时间的吸收、消化和融合，哪能结出果实呢？良好的读书习惯也不是一两天就可以培养出来的，不过只要你从现在开始培养，就能早日看到成果！

月光下读书

南北朝有个人名叫江泌(mì),他小时候,家境十分贫寒,不但无法上学,还得到街头帮人补鞋为生。

有一天,他出门帮人补鞋,途中经过一间学堂,老师正在讲课,他立刻被吸引过去,结果就一直站在门外偷听,直到下课。后来,他干脆将修鞋箱摆在学堂门外,一边给人补鞋,一边听课。可是,如果只是听课,自己不看书,就没办法学好。但他白天要帮人补鞋,晚上家中又没油灯,这可怎么办呢?

江泌的这个问题,一直到中秋节才得到解决。那天夜晚,他在院中赏月,突然发现院子里大树的影子被月光清楚地映在地上。他赶紧到屋里拿出一本书,在月光下翻看,啊!太好了,真清楚啊!

从此,他每天都盼着月亮出来,这样他就可以爬到屋顶去读书了。有时读得太累了,他还会一不小心从屋顶上摔下来!但即使摔到地上,他也会再爬上去继续看书。靠着这样的苦学,江泌终于成为有学问的人。

活用练习

请你回想一下，最近看了哪些课外读物，并把阅读的情况写在下面：

1. 书名是什么？

(____)

2. 有没有全部看完？

①有，分（　　）次看完。

②没有。

3. 你是利用什么时间看的？

(____)

4. 关于这本书，你印象最深刻的是什么？

(____)

如果你好久没看书了，那就得减少一些看电视、玩游戏的时间哦！

小朋友的图书馆

课外读物除了可以自己购买、向朋友借，还可以到图书馆借阅。很多地方都有为儿童设立的图书馆或阅览室，小朋友们可以到图书馆办理借阅证，关于借书的详细规定，可以向各图书馆咨询。

1. 国家图书馆少年儿童馆（北京市中关村南大街 33 号）
2. 首都图书馆（北京市朝阳区东三环南路 88 号）
3. 上海少年儿童图书馆（上海市静安区南京西路 962 号）

第六章 • 爱书、惜书

以前的人得到一本书很不容易，所以会把书当成珍宝，尤其是读书人，更是惜书如命，把书好好地珍藏着。每年夏天，有钱人家会把皮衣拿出来晒，读书人则会把书拿出来晒，以免书被虫蛀了。晒书对读书人来说，可是一年中的大事。

如今，随着科学技术的发展，我们看书比以前方便多了，可以自己买书，可以到图书馆借书，只要有心读书，绝不用担心读不到书。

有些小朋友不知爱惜书，书才买来几天，封面不见了，书角卷了，内页也零散了；还有的小朋友看完一次就把书当作废物扔了。其实，自己看完不再需要的书，可以捐赠给贫困地区，也可以在班上成立小小图书角，大家交换着看。

如果是从图书馆借来的书，就得更加爱惜，因为它是属于大家的。看书时，不要在书中随意涂抹，不要随便折角，可以买些可爱的书签，夹在书中做标记；更不可以看见书中有好看的图片，就撕下来占为己有，这种行为是不对的，千万不能这么做！

有的小朋友家里有许多书，而有些好书是值得好好收藏的。如果能把书分门别类地放在书架上，并且编好号，那么不但看上去整整齐齐，而且找起书来也非常方便，举手可得。好书可以让人百看不厌，因此，已经看过的书，也要好好把它收到书架上，过一阵子再拿出来看，仍然会觉得乐趣无限，说不定还会有新的感受。

说到给书分类，你可以根据自己的藏书和使用情形来分，例如你喜欢研究昆虫，常常翻阅与昆虫有关的书，就可以把昆虫书单独分为一类；如果你收集了很多有关太空的书，则可以分出太空类。只要自己用起来得心应手，找书时不用花费太多力气，就是好的分类，不必一定照着图书馆或书店中的类目去分。

家里的空间如果不够大，买书时就必须慎重考虑。其实，并不一定每本想看的书都要买回家去，有的可以到图书馆借，有的可以和朋友、同学或亲戚交换着看，这样不但节省开支，也避免了无处摆书的困扰。

如果一本书看久了，有破损、掉页的情况，不能置之不理，应该用胶水、胶带、订书机等工具尽力恢复书的原貌，这也是爱书、惜书的一种表现。

让我们人人珍惜有书读的福气，快乐地遨游在书的天地里。

爱书人

章太炎是清末民初的民主革命家，也是一位学者。有一天，他在街上的书店看到一本罕见的古书，就很兴奋地问老板："这本书卖多少钱？"

"120 元。"

120 元！章太炎把身上的钱全部掏出来，数了数，只有 110 元，怎么办？这已经是他全部的生活费了。啊，有了！他指了指身上的长袍说："老板，我还差 10 元。这件长袍抵给您，好不好？"

老板看了看他破旧的长袍，摇头说："这件长袍值不了 3 元。"

章太炎听了，急忙伸出脚说："那把鞋子也抵给您。"

老板皱皱眉说："这样你怎么走回去呢？"

章太炎回答："我只要能买书就好了。"

最后，老板看他这么爱书，就以 110 元把书卖给了他。

活用练习

请你说说看，有哪些方法可以减少书本的污损？

举个例子：

1. 不要边吃零食边看书。
2. 不要把书随便乱放，以免折坏。

3. (____)

4. (____)

5. (____)

小猛犸童书

步印语文

奇妙语文图书馆 · 阅读与表达

怎样写笔记

音乐大玩家

王大绩（北京市语文特级教师）/主审

郑利强/主编

電子工業出版社

Publishing House of Electronics Industry

北京 · BEIJING

目录

CONTENTS

第一章 • 音乐大玩家

有一天，芳芳跟爸爸去拜访孙叔叔。路上，爸爸告诉芳芳：“孙叔叔不但是一位社会学博士，也是一位音乐玩家。”

芳芳好奇地问爸爸：“什么是音乐玩家？”

爸爸说：“玩家，就是指他不是专门研究音乐的，但是对音乐很有兴趣，而且对音乐的认识就像个专家一样。”

到了孙叔叔家，芳芳看到客厅的架子上摆满了唱片、录音带，墙上到处贴着音乐会的海报。旁边的书架上还有许多书，以及一叠叠小卡片。轻扬的乐音正从音箱里流泻出来。芳芳静静听了一会儿，转身问孙叔叔：“这是什么音乐？听起来好熟悉哦！”

孙叔叔笑着说：“这是《天鹅湖》啊！是很有名的芭蕾舞曲，你喜欢吗？”

“嗯，喜欢！是谁作的曲子啊？”

“是俄罗斯著名音乐家柴可夫斯基。”孙叔叔一边说，一边走向书架，从一叠卡片中抽出一张，看着卡片继续

说，“柴可夫斯基 1840 年出生在俄国，1893 年因霍乱逝世。他生前为《黑桃皇后》《天鹅湖》《睡美人》等著名的歌剧和舞剧谱曲，他的作品浪漫且形式多样……你还想知道什么？来看看这张卡片！”

孙叔叔把卡片递给芳芳。芳芳睁大眼睛，一脸崇拜。

爸爸在一旁说：“你现在知道什么叫音乐玩家了吧！”

孙叔叔拉着芳芳说：“其实也没什么，我只是比较勤于写笔记。平时就把相关资料记在卡片上，需要的时候，就从卡片中寻找。”

“没错！”爸爸说，“人的记忆有限，许多事情看了不写下来，久了就忘记了。写在卡片上或笔记本里，既能帮助我们记忆，又随时可以翻阅。”

“嗯！”芳芳点点头说，“难怪爸爸的书架上也有许多卡片。”

孙叔叔接着说：“写笔记不但可以累积资料，还可以锻炼文笔，丰富词库，对写作和研究学问都很重要。”

“看来写笔记不止一举两得，简直是一举三四得了。”

芳芳对笔记产生了浓厚的兴趣，可是该怎样着手呢？

陶罐与布袋

你知道陶罐(guàn)与布袋也可以用来保存笔记吗?看看下面的故事你就明白了。

唐朝诗人白居易一生写了2800多首诗，而这样的成就，归功于他的那一个个陶罐。平时，无论是脑海里忽然浮现的诗句，还是写好的诗，他都会记在纸上，丢进陶罐里。他将陶罐分门别类，贴上标签，放置在一个七层木架上。这些信手拈来的诗句，待他慢慢修改、整理之后，就成了一篇篇不朽的名作。

陶罐虽然有“肚量”，却不能随身携带；另一位唐朝诗人李贺就用古色古香的布袋取代了笨重的陶罐。他常常背着布袋骑马郊游，一路上看到风光、景物，有所感触，便立即写下投入袋中，等回到家里，才将一天所感写成诗。

古人保存笔记的方式是不是很有诗情画意？而你，是用什么方法保存笔记的呢？

tips

记笔记时可以选用不同颜色的笔，来区别不同的内容，或是对需要注意的地方进行标记。

笔记的内容要简洁，不需要长篇大论，只要自己知道意思即可。

第二章 • 怎样写读书笔记

读书笔记是最常见的一种笔记，它是在阅读一本书或一篇文章后所做的笔记。读书笔记可分为以下几种类型。

一、批注

批注在古书中很常见。因为古书没有标点符号，所以读书的人要一边读书，一边提笔加上句读；遇到重要或好的句子时，就在一旁画上小圆圈，或是加上小点做记号；读书时有感想或有疑惑时，就在文字旁写下自己的感触、见解或补充说明。有时因为版本不同，书里的文字、内容与其他版本的书不一样，也可以把其中的差异记下来，相互比较。

有些文人的批注写得很丰富，后人会专门把他批注过的书印出来，让人一边看原书，一边看他的批注，加深对内容的理解，例如金圣叹批注的《水浒传》。

现在的书籍都有标点符号，我们不用再逐句加上句读；但是遇到重要或不懂的地方，还是应该做批注，这样，既可以把当时心中的感想或问题整理出来，而且日后再看时，还可以温故知新。批注可以写在书页上方的空白处，也就是书眉的位置，这种批注称为“眉批”；也可以写在词句的旁边，这种批注称为“旁批”；还可以写在结尾处，这种批注称为“尾批”。

二、摘录笔记

摘录就是在读书时，把书中重要的句子或内容抄在卡片上或笔记本里。摘录时，既可以直接抄录原文，也可以用自己的话将原文缩写。

做摘录笔记时，除了摘取文章中的精华部分，还有一些相关资料不可或缺。也就是说，一份完整的摘录笔记要包括以下几项：

1. **资料的类别；**
2. **资料的出处；**
3. **资料的作者；**
4. **资料的内容。**

这些不但是分类整理时的重要依据，也是以后使用资料的重要指标。现在，芳芳也向爸爸要了几张空白卡片，根据她最近读的《安徒生童话》做了一份摘录笔记。我们来看看芳芳都记了些什么：

三、大纲笔记

随着科技的进步，我们每天都有机会接触到书籍、杂志、报纸。这么多的资讯，我们不可能样样熟读，更不可能事事牢记，但又不希望把看过的东西忘记，怎么办呢？这时候最好的方法就是写大纲笔记，以后再温故知新就容易多了。

大纲笔记有以下 3 种形式。

1. 概述大意

读完一本书之后，把全书浓缩成一篇简短的文章，就好像我们写课文大意一样。以后，我们只要看整理出来的大意，就可以知道这本书或这篇文章的内容是什么了。

2. 纲目摘要

有些书会在目录里列有详细的纲目，我们只要浏览目录就可以知道书中有哪些内容。纲目就是每一章的主题，看完一本书时，抄下纲目作为对图书内容的记录，就等于写下大纲笔记了。如果没有现成的纲目，那么可以根据目录，自己把各章的主题整理、记录下来。

3. 思维导图

看完一本书或一篇文章后，将其中的内容用思维导图的方式列出来，纲举目张，十分清楚。思维导图不仅可以帮助我们梳理思路，更充分地理解书中的内容，还可以使我们在查阅资料时一目了然。芳芳看了《不善说话的傻女婿》这本书后，制作了一份思维导图：

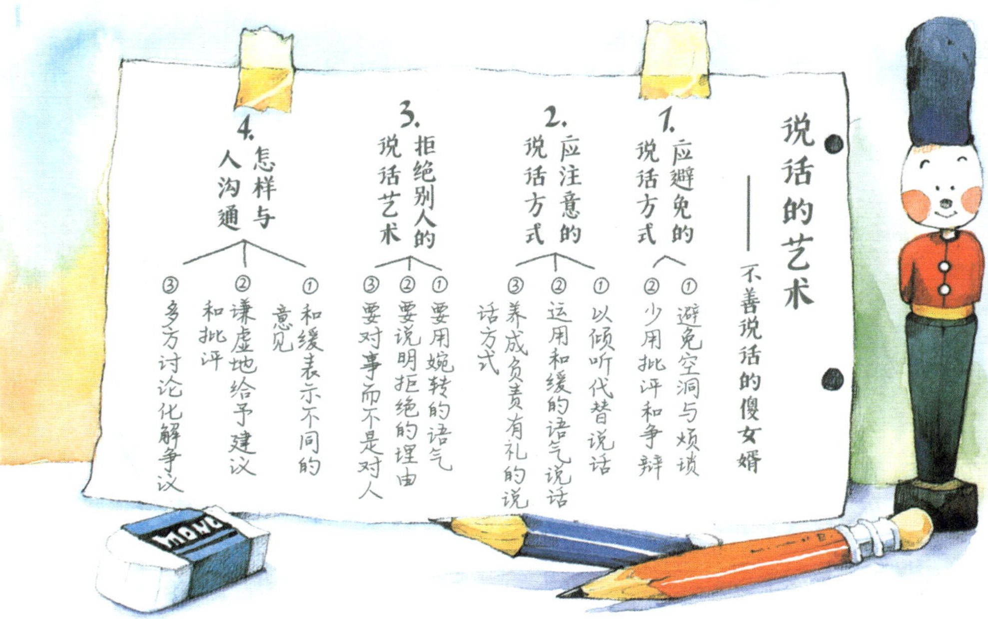

四、心得笔记

心得笔记就是把读后的心得、感想记录下来，也就是我们常写的“读书报告”。我们来看看读书报告的一般格式：

书名：
作者：
出版社：
出版时间：
内容提要：
读后感：

首先要写出书名，才知道你看的是哪一本书。其次要写清楚作者，因为有些书的书名相同，但作者不同，内容当然也就不同了。

此外，出版社及出版时间也不可少。因为出版社不同，书的内容常有出入，尤其是翻译出版的书籍，出版社不同，译者多半不同，内容就可能有繁有简。至于要注明出版时间，是因为有些书销售得很好，再版时可能会做些修改；或是有些书原本很厚，再版时，可能会删去部分内容，以节选方式出版。所以，出版社和出版时间是写心得笔记不可少的项目。

内容提要是对作品内容做概括性的介绍。读后感则是写出你读完这本书的感想或所得到的启发。从书中读出趣味，并能获得一些启示，读书才是有意义的。

写读后感时，可以从以下几个方向着手。

1. 谈书的中心思想

（1）作者写这本书是要告诉我什么？

（2）看完这本书，我想到什么？

（3）书中的道理，适用于现代社会吗？

2. 谈书中的人物、角色

（1）我最欣赏书中的哪一个角色，为什么？

（2）假如我是书中的主角，我会怎么做？

（3）我不喜欢书中的哪一个角色，为什么？

3. 谈作者的写作技巧

（1）作者描写什么描写得特别好？作者用了什么技巧？

（2）作者用了什么方法叙述事情？（顺叙法、倒叙法、插叙法）

（3）作者用了什么方法描写人物？（直写法、衬托法、对比法）

（4）文中有哪些优美的词语或句子？

这样，你就可以写出一篇有深度的读后感了。当然，不一定要完全按照前面所列，写出中心思想、人物角色和写作技巧三部分。有时因为所读的书性质不同，或是读完以后的感想不同，只提出其中某一部分来叙述也可以。

我们来看看芳芳写的读书报告：

篇名：《给母亲梳头发》（摘自《xx》）

作者：林文月

出版社：xx 出版社

出版时间：20xx 年

内容摘要：

作者替生病的母亲梳头发，初夏的阳光把母亲花白的头发照得清晰可见。作者一边梳着母亲稀疏而花白的头发，一边回忆起过去母亲每天早上梳理乌黑的头发的情形，同时回想起母亲照顾一家人的辛劳情景。这篇文章写出了母爱的伟大，以及作者对母亲的感激。

读后感：

母亲总在为子女操劳。她也曾年轻，曾拥有乌黑的头发、拥有健康的身体。可是，就在她将自己的全副身心献给子女、献给家庭的同时，她也一年年地变老了，头发一根根地变得花白，身体也渐渐差了。由梳理着乌黑长发的母亲，到病床上头发花白的母亲，这中间有多大的变化啊！

这个故事虽然平凡，却令人深刻地感受到母亲的伟大。

优美词句：

1. 这一把用了多年的旧梳子，滑润无比，上面还深染着属于母亲的独特发香。

2. 天气十分晴朗，阳光从七层楼的病房玻璃窗直射到床边的小几上。母亲的头顶也闪耀着这初夏的阳光。她背对我坐着，花白的发根清晰可见。

读书不留白

在书上做批注，除了写下自己的感想，还可以写什么呢？

1. 加注释：看书时，遇到不懂的字、词或概念，最好立刻查字典、辞典或百科全书，把解释加注在旁边，这样不仅能帮助理解，下次再看时也不会看不懂了。

2. 记提要：看书时，边看边思考，然后把段落重点直接写在书上，等有机会再看时，就能一目了然。

3. 写标语：认为需要自己特别注意的地方，不妨写上“考试必考”“常常记错”等字眼，提醒自己下次再看时要特别注意。

一边看书，一边做批注，不但能使自己更专心阅读，也便于以后再次翻阅。因此，可别让书本“留白”哦！

简而不漏

你觉得做摘录笔记是一件容易的事吗？看了下面这些要点，或许你的观念就会改变了。

1. 忠于原意：必须正确表达作者的原意，不能断章取义，误解原文的意思。所以摘录之前要先了解文章的含义。

2. 照本宣科：如果是直接摘录原文，一定要逐字逐句抄录下来，一个标点符号也不能错；如果原文太长，不重要的部分可以用省略号（……）代替。最后不要忘了在首尾加上引号，表示这是原文，以便和自己撰写的部分有所区分。

3. 注明出处：直接摘录原文的部分，最好在引文后面注明原书的页码，便于日后翻查原书或引用。

尽信书，不如无书

写读书笔记时，也可以写下看书时所发现的问题，比如宋朝学者洪迈的这篇笔记：

《梦溪笔谈》中提到，有一次宋真宗出巡，下诏赐给随行的8位辅臣一人一条玉带。但是出巡所在的地方官库里只有7条玉带，因此不足的1条，皇帝打算回京后用京库的补上。京库的那条玉带叫作“比玉”，价值非凡。辅臣中有一位叫丁谓的人，他官职最小，却很想得到“比玉”，于是便表示愿将玉带让给其他辅臣，他用自己原来的小带子就可以了。回京后，皇帝看他的带子太细小，就叫人拿“比玉”给他换上，他果真如愿以偿。可是，根据查证，当时的辅臣应该只有6位，且丁谓的官职也不是最小的；尤其可笑的是，既是玉带，怎么可能取名“比玉”呢？作者沈括实在不该犯这样的错误。

读后有感

看完一篇感人肺腑的好文章，心里一定会有千言万语。把它写成读后感吧！但怎样才能写好一篇读后感呢？

1. 要认真读懂原文，理解原文的含义，并抓住文章的中心思想和要点。
2. 一定要有感而发，不要只是高谈阔论，或是讲些陈腔滥调，看来毫不真实。
3. 选择重点。看完一篇文章，感想往往是多方面的，要选择自己感受较深的一两点来写；想要面面俱到，往往会失去重点。
4. 适当引用原文。恰到好处地引用原文，能使读后感的内容充实、自然；假如引用过多，则容易将读后感写成内容提要，所以引用时必须简要适当，避免做冗长的复述。

处处留心皆学问

好的风景令人心旷神怡，好的语句令人受益良多。你知道除了书本，还可以从哪里找到佳言名句吗？

温故知新

根据阅读材料的不同，心得笔记有不同的写法。每读完一本书或一篇文章，就可以用不同的方式，写写心得笔记。

读完一本书后，可以参考读书报告的格式来撰写自己的心得。例如先记下这本书的基本资料，包括书名、作者、出版社、出版时间等；然后再写出这本书的内容大意，并摘录令你感动的内容；最后把你的“读后感”写出来，这就是一份完整的读书心得了。

如果读的是一首诗，可以参考相关的读诗笔记，写出下列各项：

1. 基本信息：包括诗的标题和作者名字。
2. 材料出处：这首诗出自哪一本书或刊物。
3. 阅读日期：阅读的年月日。
4. 内容：对诗的解说。
5. 心得：读后的感想。

当你读完一本好书或一篇好文章时，不妨选择合适的方法，写一篇内容充实的心得笔记。

参考答案：广告语、老师的话、毕业纪念册中……

笔记大王

你想成为小作家吗？建议你从写笔记开始。为什么呢？请看法国著名作家儒勒·凡尔纳的例子：

被誉为“科学幻想之父”的儒勒·凡尔纳生于1828年，死于1905年，他一生写了60多部长篇小说，被翻译成许多种文字，风靡全球。他逝世后，人们在整理他的书房时，发现了25000多本读书笔记，每一本中的文字都是他一字一句抄录下来的。

写笔记，一方面能为写作累积材料，另一方面还能锻炼文笔。这样，你的“作家梦”就不难实现了。

活用练习

我的绰号叫“故事大王”。我不但喜欢看故事、听故事，还喜欢编故事。其实，我原来也只会看别人写的故事，自己不会写。后来，我每次看到喜欢的故事，就把心得写下来，没想到越写越有心得。我发现很多故事中，主角都是先遇到问题，

然后想尽办法去解决；还有故事中的人物常常有强烈的对比，例如善良的灰姑娘和坏心眼的姐姐、诚实的樵夫和贪心的邻居……心得写多了，我也会自己编故事了。上个礼拜天，我写的故事还在报纸上登出来了呢！

请你说说看，你看过的故事中，哪个故事让你印象最深刻？把你的心得笔记写下来。当然，如果你想夺得“故事大王”的称号，从今天起，只要看到喜欢的故事，就要写下心得笔记。将来，“故事大王”非你莫属！

第三章 • 怎样写剪报笔记

看报纸是很好的习惯，可以增长见识，也可以调剂身心。

报纸上总有一些有趣的消息，或各类文艺作品，有些很有参考价值，有些令人爱不释手。如果不剪下来保存，过一段时间可能就找不到了。所以，将报纸上有用的信息剪下来做成剪报笔记，剪报也是个保存资料的好方法。

随着电子媒体的普及，报纸越来越少见了。你可以和爸爸妈妈去找些报纸，制作剪报笔记。除了把资料从报纸上剪下来、贴起来，在剪报旁标注一些相关资料，会更有助于我们保存和利用，内容包括：

1. 资料来源：在什么报的第几版。

2. 日期：剪报来自哪一天的报纸。

3. 类别：科技、文艺、音乐、美术、旅游等。

在传统的纸媒时代，许多人会把剪报当成一种乐趣，在剪贴时，把原本参差不齐的剪报重新设计、剪贴得很美观；有时还会在剪报旁的空白处画上插图，或写下补充资料，甚至读后感，使剪报变成既有价值又赏心悦目的参考资料。

tips

制作剪报是一项非常有意义的活动，只要平时多看报纸、杂志，及时收集自己需要的资料，慢慢地，你就会拥有一本本内容丰富、精致美观的剪报笔记。它们将成为你的小小资料库，成为你亲密的伙伴。

剪报的材料可以来自书刊报纸，也可以来自互联网。如果是在网上浏览到有用的信息，可以将其打印下来再制作成剪报。

如果你阅读的书刊报纸是借阅的，遇到想要留存的资料，可以先将相关页面复印下来，再制作成剪报。

为了使后期的粘贴设计有更多选择，在裁剪时可以多留出一些余地。裁剪时动作应轻柔，记得将边角修剪干净。

快乐的剪贴匠

有位好朋友，
月月上门来，
纵谈天下事，
从不把口开。

你知道这位好朋友是谁吗？对，就是期刊杂志。期刊杂志的内容称得上包罗万象，如果你想以剪报的形式保存资料，下面有几个方法供你参考。

1. 不论是剪取全文还是部分文章，都应该保留完整的标题和作者名字。

2. 如果正反两面的资料你都需要，可以先将其中一面复印下来再裁剪。

3. 如果资料的篇幅太大，可以考虑将它缩小复印，但要注意文字是否能看清。

4. 资料剪下来以后，即使各篇的篇幅很小，也最好分别粘贴，以便分类整理。

第四章・怎样写听课笔记

在生活中，上课、听演讲、参加讨论时都可以写听课笔记。写听课笔记一方面可以帮助我们专心听讲，另一方面，经过抄写的东西可以记得比较久。如果我们随时把听到的记成笔记，长久下来，就可以累积许多资料。听得多，又忘得少，那么，我们不就变得很有学问了吗?

一般来说，写听课笔记时要注意以下几个要点。

一、写下听课的主题

上课时的笔记，就写老师上课的主题，例如“辩论的规则”“演讲时的注意事项”“制作风筝的过程”“版画的制作方式”“李白的诗”等；听演讲时则写下演讲的题目。

二、写下老师或演讲者的姓名

如果上课的是同一位老师，写笔记时可以省略这一项；但是听演讲时，则一定要记下演讲者的姓名。如果可能，最好详细地记录演讲者的信息，例如他的职务、著作、专长等。

三、写下听课的时间

写上课笔记或演讲笔记时，最好能写下听课的时间，便于以后查阅。

四、写下课程内容

1. 详记

详记就是将课程内容详细地记录下来。其优点是可以从笔记中看到完整的课程内容，甚至讲说者的语气或用词；缺点是必须花很长的时间去记录和整理。

通常，采用这种方式时必须先用录音设备把课程内容录下来，事后再一边听，一边整理。

2. 略记

略记是简略地记录课程内容，把重点内容、关键字词或重要的句子写下来。采用这种方式需要一边听，一边很快地抓住重点。

3. 先略记课程内容，再做整理补充

这是写听课笔记最常用的方式。因为说话的速度比写字快，听讲时一般无法记录得很完整，所以，有些人在写听课笔记时，总是写一段就空几行，留着事后再补充完整。有时，还可以把自己找到的其他资料补充进去。

芳芳有一次听了一场演讲，题目是《如何善用时间》。芳芳记了笔记，回家和爸爸讨论后，又补充了一些资料，做成了一份听课笔记。我们来一起看看芳芳的听课笔记：

题目：如何善用时间

演讲者：罗秋昭

时间：2020 年 10 月 18 日

人的一生时间很有限，如何运用时间是大家所关心的问题。

时间无法储存，一经消失就不再回头。懂得善用时

间的方法，就可以比别人多做一些事情。如何善用时间呢？有以下几种做法：

1. 要有正确的时间观念，不迟到，不拖延；

2. 重要的事，马上去做，不要想等有空的时候再做；

3. 做事要有计划，才不会浪费时间；

4. 安排做事的先后顺序，重要的事情先做，其他的再按部就班去做。

吝啬的财主

从前有个吝啬的财主，开了一家店铺。他为了节省工钱，只请了一个伙计。这个伙计既要负责打扫店面、招呼客人，还要记账，每天忙得不可开交，但一直没有机会向财主反馈。

有一天，财主要出远门，一个月以后才回来，因此特地嘱咐伙计要好好照顾生意。

一个月之后，财主回来了，伙计连忙把账本给他过目。

“米1担，赊账，下个月还2担。”

“酒2升，赊账，下个月还4升。”

财主看得很高兴，因为这些赊账的条件都很丰厚。可是他继续往下看，越看越不对劲：

“怎么这个月大家都赊账？”

“因为这个月的生意太好了，我一个人来不及收钱、找钱，所以都让他们赊账。”伙计赶紧解释。

“这些账目，你都没写上姓名，叫我上哪儿去要啊？”财主气得差点儿说不出话。

“对不起，因为太忙了，我就把他们的姓名也省了。”

财主听了，捶胸顿足，无可奈何。

我们记笔记时可不能像这个伙计一样，把相关的资料漏掉，这样以后再看时，可就不知出处了。

忠实听众

当你一边听演讲，一边忙着记笔记时，是不是常常顾了手上写的，就顾不上耳朵听的？或是当仔细听讲时，手上的笔就不知不觉停了下来？因此，一场演讲下来，脑袋里记的和本子上写的都不完整。

在没有录音设备的情况下，写听课笔记一定要有所取舍。什么都想记，最后只会什么都记不完整。下面有几点建议供你参考。

1. 记下演讲者转入正题后的开场、结尾，以及中间转接的地方，这通常是一篇演讲稿的纲要。

2. 记下演讲者在黑板或演示屏上列的要点、图表等。

3. 如果有书面资料，那么资料上的内容可以暂时不写入笔记，等事后再补。

4. 重要的专有名词（如人名、地名）以及数字（如时间、统计数字）要特别注意，不要记错。

5. 及时标出有疑问的地方。演讲一般会有问答环节，你可以把握机会，把问题弄清楚。

听写时间

在某个综艺节目里，主持人说道：

“有一个题目要问现场观众，可以在 30 秒以内给出最多答案的，可以得到一份小礼品。题目是：请问哪些场合会同时用到纸、笔和录音设备？”

想一想，你能答出几个？

参考答案：听演讲；警察接听绑匪电话；垂危病人留遗言……

第五章 · 怎样写参观笔记

在信息发达的今天，我们有很多机会看到各式各样的展览，例如兵马俑展、罗丹的雕塑展、恐龙化石展、埃及木乃伊展等。一个好的展览，除了会陈列展品，还会提供相关的资料，这些资料很值得我们记录下来。

另外，由于现代交通的发展，以及生活水平的提高，我们能够到国内外各处旅游。古人说："读万卷书，不如行万里路。"在旅途中，我们会接触到许多事物，不妨将它们记录下来，这样不仅可以丰富自己的"资料库"，日后写游记时也会更加得心应手。

与一般笔记一样，写参观笔记时也要写下日期、地点、参观主题，此外，写参观笔记最重要的是写下参观的内容。

参观的内容要怎样写才不空泛呢？首先，要做好准备工作。例如，我们要参加中国台湾元宵节时著名的民俗活动——盐水蜂炮，那么，在这之前你应该先了解：

1. 活动从什么时候开始，什么时候结束？

2. 盐水蜂炮是什么样的活动？

3. 何时开始有放蜂炮的习俗？

4. 蜂炮代表着什么，有什么意义？

5. 放蜂炮的过程如何？

6. 放蜂炮存在什么样的危险？

当你到达活动现场时，已经对以上问题有了初步了解，知道该看什么、该注意什么，以及该问什么，这样一来，你写的参观笔记就会很有条理，而且内容丰富。

又如去美术馆看罗丹的雕塑展，如果能在参观之前搜集有关罗丹的资料，对他的艺术风格进行了解，那么在参观时就能有一些不一样的心得，在写参观笔记时，就可以很深入地说明作品，抒发感想，而不是仅把作品名称记录下来。

最后，参观时不要忘了在现场搜集一些资料，例如门票、简介、说明书等；如果允许拍照，还可以把带不走又抄不了的资料照下来，比如挂在墙上的图表说明等。这样，在参观时先做一些扼要的记录，回家之后再整合自己搜集到的资料，就可以写出内容丰富的参观笔记了。

tips

美术馆里的画作多种多样，有肖像画、风景画，等等。

在欣赏肖像画时，要特别留意画中人的眉毛和眼睛；而欣赏空无一人的风景画时，则要留心画面中的细节，你可以由此猜测出作者的意图。

你也可以和周围的参观者进行交流，也许你会因此结识一位新朋友。如果你喜欢拍照，一定记得用更富有创造性的视角，也许你会拍出新的经典作品。

活用练习

小红帽坐上时光机，来到了 21 世纪。

她来冬冬的班上，坐在教室里听课。快下课时，老师宣布下周一要去孔庙参观。老师让大家先搜集资料，参观后需要交一篇参观笔记。小红帽想知道都需要搜集哪些资料，你能告诉她吗？

1. 孔子的生平。
2. 孔庙建于什么时候。
3. (______________________________)
4. (______________________________)

动物园笔记

斑马，为奇蹄目、马科、马属的动物，分布于非洲，多栖居在干燥、开阔、灌丛较多的草原。斑马身上黑白相间的条纹，既是同类之间相互识别的主要标记之一，也是斑马的保护色。斑马是高度社群性的动物……

哇！每种动物都有这么一长串介绍，这要抄到什么时候？今天，老师组织冬冬班上的同学到动物园参观。老师让每位同学交一篇参观笔记，详细记录非洲动物区里的各种动物。

请你帮冬冬想一想，怎样才能把这些动物的相关介绍快速记录下来？

参考答案：用照相机把介绍照下来；把资料念一遍，用录音设备录下来；和同学分工合作，分别抄不同动物的资料……

第六章 · 怎样写观赏笔记

你看过电影、舞蹈表演吗？听过音乐会吗？观赏以后，你是会通过笔记或日记记录下来，还是会将它遗忘呢？

当然，我们不可能一边看电影一边记笔记，也不会一边听音乐会一边记笔记。但是，我们可以在观赏之后，回家静静地想一想，然后写下观赏笔记。

观赏笔记应该怎么写呢？和前面的几种笔记类似，应该包括时间、观赏主题、观赏内容及观后感。

芳芳看过孙叔叔所写的读书笔记后，对写笔记很感兴趣。经过爸爸的指导，如今写笔记对她来说已不是难事了。她看过电影《阿拉丁》后，记下了观赏笔记，我们一起来看看：

片名：《阿拉丁》

地点：佳佳影院

时间：2020 年 10 月 24 日

这是一部充满了创意的迪士尼卡通电影，主要讲述了阿拉丁与神灯的故事。

其中，让我印象最深刻的是灯神。

故事书中的灯神比较单调，电影中的灯神不仅变化多端，而且跟人类一样有喜怒哀乐，喜欢帮助好人，痛恨坏人，富有幽默感，爱出鬼点子，像个调皮的小男孩。

另外，魔毯也十分有趣。它虽然只是一般地毯的模样，却能够表现出丰富的表情和动作。美术设计师的技术真是令人佩服！

这部电影让我感受到了“丰富的想象力”的力量。像这样耳熟能详的老故事，竟然还可以变化出许多新鲜有趣的事情，而且很有现代感。

不过，灯神形体的变化太快，看得不是很清楚，这一点让我有些遗憾。

同样的，写观赏笔记时别忘了利用相关的资料，例如节目表、节目简介，以及海报、广告上的报道等。这些资料不仅能使我们在观赏时更有心得，也可以作为写笔记的参考。

新潮笔记本

走进文具店，五花八门的笔记本真叫人眼花缭乱。有的笔记本内页配有美丽的插画，有的用活页的方式装订……

请你想一想，笔记本还能怎样设计？

（提示：从各种使用情形去考虑。）

活用练习

美丽的公主到了适婚年龄，国王要为她选个聪明又英俊的王子当丈夫。但是要如何测试那些求婚者呢？让他们去杀龙？不！公主是保护动物协会的会长。出3道难题考他们？现在市面上有太多解题的参考书，出难题已经落伍了。那怎么办呢？啊，有了！公主喜欢看电视，就让王子们把自己印象最深刻的电视节目写下来，谁的心得和公主的最投合，谁就可以娶公主。

你愿意写一篇范文，让王子们参考吗？

参考答案：

1.附上小灯泡——在漆黑的电影院、动物园夜行动物馆里都可以记笔记；

2.加上背带——可以直接背在身上，不用再经常从书包中掏出；

3.内页设计成口袋型——可存放相关的资料；

4.……

第七章 · 怎样使用笔记

写笔记的目的是累积知识，增加智慧。但是累积下来的知识要经常运用，否则久了也会遗忘。面对日积月累的各种笔记，我们应该怎样使用呢?

首先，可以将笔记分类整理。如果习惯于在笔记本上记笔记，那么可以先将笔记本大致分类，然后根据笔记的内容选择合适的笔记本。如果你是用卡片记笔记，那么每张卡片写好之后，别忘了在卡片的左上方写下类别和项目，然后把同类的卡片放在一起。

有了分类，笔记查阅起来就比较容易了。相关的资料也可以整合在一起，这样你一点一滴辛苦做成的笔记就能发挥更大的效用。

❓活用练习

冬冬不小心碰翻了哥哥的资料盒，把卡片全部弄乱了。在哥哥发现之前，冬冬得赶快把它们恢复原状。可是有几张卡片他不知道该归回哪一类，你能帮帮他吗？

1. 小说：《汤姆历险记》
2. 音乐：《动物狂欢节》
3. 电影：《侏罗纪世界》
4. 侦探小说：《东方快车谋杀案》
5. 课外教学：自然科学博物馆
6. 演讲：向粮食浪费说“不”
7. 家庭活动：赏鸟

读书笔记类：（________________________________）

听讲笔记类：（________________________________）

参观笔记类：（________________________________）

观赏笔记类：（________________________________）

奇妙语文图书馆·阅读与表达

利用工具书阅读

腊八粥

王大绩（北京市语文特级教师）/主审

郑利强/主编

小猛犸童书 步印语文

電子工業出版社

Publishing House of Electronics Industry

北京·BEIJING

目录

CONTENTS

第一章 · 腊八粥

天气越来越冷，已经进入了农历十二月，离过年不远了。

一天，芳芳收到好朋友双双的来信，信中邀请芳芳到他家去玩，还说他妈妈会准备腊八粥。

芳芳看完信非常高兴，但也有些疑惑，她自言自语地说：“腊八粥是什么东西呢？”

这时爸爸恰好走过来，他听到芳芳自言自语，就笑着说：“我们一起去图书馆找王伯伯，你就可以找到答案了。”

到了图书馆，王伯伯带他们来到阅览室。看到书架上堆满大大小小的工具书，芳芳愣住了，就像刘姥姥走进大观园，不知从哪里着手才好。

王伯伯从书架上拿下一套书，和蔼可亲地说：“这套书里收集了很多资料，词条是按汉语拼音排序的。你不妨先查一查索引，看看有没有‘腊八粥’这个词条。”

芳芳在索引中找到了“腊八”和“腊八粥”两个词条。

原来腊八是指农历十二月初八，人们会在这天喝用米、豆等谷物和枣、莲子等煮成的腊八粥。传说释迦牟尼在这一天成道，因此寺院每逢这一天便煮粥供佛，以后民间相沿成俗。

芳芳开心地说：“原来工具书是我们‘不说话的老师’，有任何问题都可以在这里找到答案。”

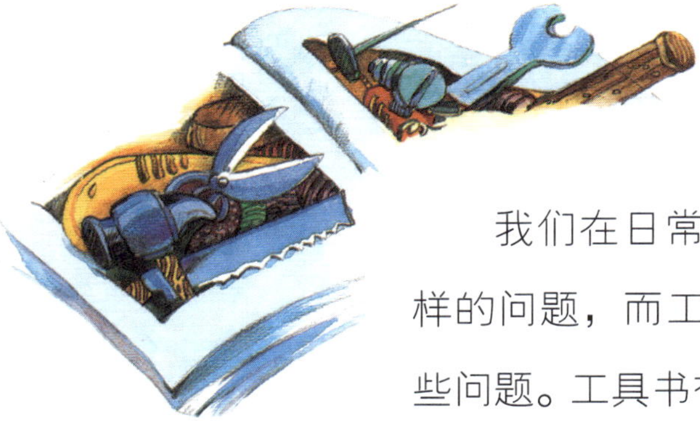

我们在日常生活中，可能会遇到各式各样的问题，而工具书就可以帮助我们解决这些问题。工具书有很多种，最常见的是字典、辞典；还有全面、系统、详细地介绍学科知识的百科全书；还有将内容进行摘录编排，注明出处，以便查阅的索引、书目，等等。古人曾说：“工欲善其事，必先利其器。”意思是说，工匠想要做好事情，就必须先准备好工具。我们读书求学也是一样。将工具书运用好，不但可以学得更扎实，而且能够更有效率。下面将向大家介绍各种常用的工具书和使用方法。

最古老的百科全书

世上最古老、最大的一部百科全书，是中国的《永乐大典》，它完成于明朝永乐年间，距今已有600多年了。

这部百科全书共11095册，内容包括经、史、哲、天文、地理、戏剧、工艺、农艺等，涵盖了中华民族数千年来的知识财富。如果你1天读1册，也要花30年的时间才能读完！

《永乐大典》正本尚未确定是否存在于永陵。副本则惨遭浩劫，大多毁于火灾和战乱，也有相当一部分被后人以修书之名窃走，现今仅存800余卷且散落于世界各地。

哑巴老师

芳芳说：“原来工具书是我们‘不说话的老师’，有任何问题，都可以在这里找到答案。”

你赞同芳芳的说法吗？请你也说说看，工具书像什么？（提示：从工具书的功能出发去思考。）

活用练习

腊月初八喝腊八粥的习俗从古延续至今，现在市面上也售卖罐装的八宝粥。请你利用工具书查一查腊八粥的相关知识，并回答下面的问题：

1. 腊八粥的由来是什么？
2. 腊八粥原本是什么人的饮食，后来才传到一般人家？
3. 腊八粥的主要原料都有哪些？

参考答案：

仓库：工具书就像管理完善的仓库，里面储存着各种货物，等待我们去取用。

钓竿：书目和索引就像钓竿，帮助我们在茫茫书海里钓到需要的书籍、文章……

第二章 • 工具书的种类

工具书是为了帮助人们解决问题而编的，因为问题各种各样，所以工具书也就分成许多种类。遇到什么问题，就要在类别相同或相关的工具书里寻找答案，不然既浪费时间，又找不到所要的答案。

按照内容，工具书可分为综合性工具书和专业性工具书。综合性工具书是把各个种类的资料分门别类地编在一起，专业性工具书则是把某一专业的资料再细分成若干小类编在一起。

按编辑体例与功用，工具书一般可分为下列几种。

一、书目

这是把许多图书加以分类并排列出来的一种图书目录，例如中华书局出版的《四库全书总目》。书目中主要记载书名、作者、卷

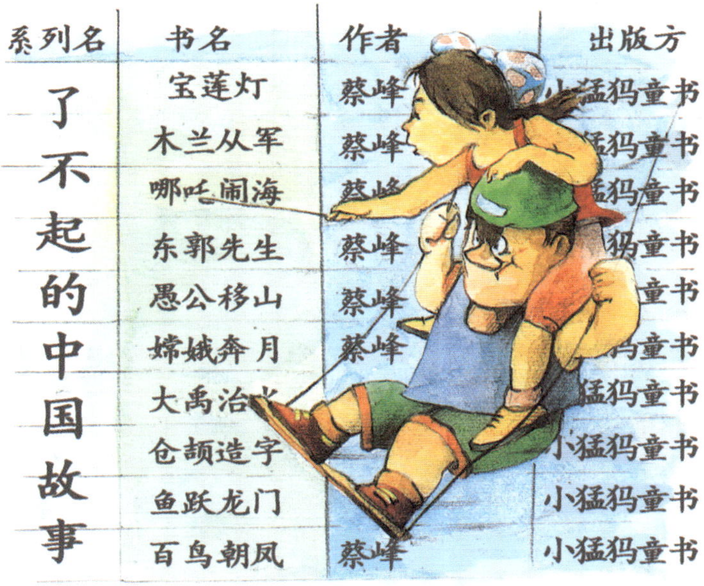

册数、出版社、出版年月、印次、装订方式（精装或平装）等。根据书目，我们可以了解各类别图书的基本信息、基本内容等。因为资料庞大，纸本翻阅较不方便，更新不易，所以现在读者大多利用网络资料库查询。

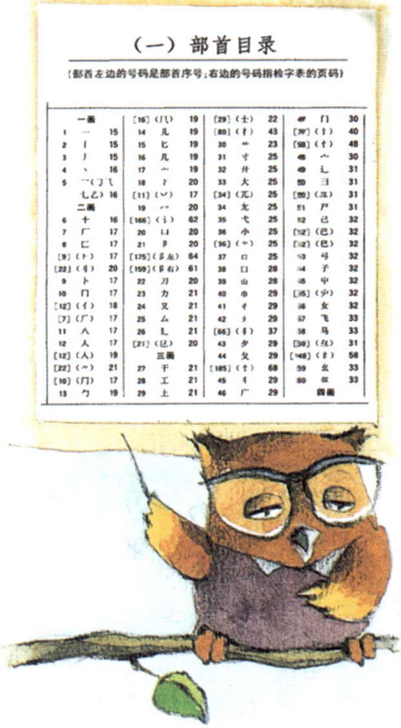

二、索引

根据书籍或报纸杂志中的文章内容，把其中的人名、地名、篇名或语句等摘录下来，注明出处，并按分类或首字的笔画数等顺序编排，即成为人名索引、地名索引、篇名索引或术语索引等。有的索引只针对一本书或一套书，如《xx 小百科》的索引，是把这套书的所有文章标题汇总，按照分类编成篇名索引，并注明文章所在的册数和页数。有的索引则比较广泛，如国家图书馆的《中国侨乡研究期刊论文提要索引》，是根据类别把期刊的文章汇集编成，并注明作者、期刊名称、卷期、页数及出版时间。根据索引，我们可以依各种线索找到需要的书籍和文章。

书目和索引这两类工具书，主要功能不在说明，而是提供线索，帮助我们找到书籍和文章。

接下来介绍的各类工具书，则是针对各种问题进行直接说明，让我们一起来看看。

三、字典、辞典

字典的用途是解释字的音和义。通常是先注字音，再解释字义，最后列举例词、例句，以便使用者了解它的用法，如《新华字典》。

辞典也称词典，它的用途是解释词语的意义、概念、用法。通常先收单字，然后列出以这个单字为首的词条，解释词义，如《现代汉语词典》。也有的辞典汇集或解释某一学科或某个领域的专业词语、专名和术语，如《中国古今地名大辞典》《民法辞典》。

四、百科全书

百科全书是比较全面系统地介绍科学知识的大型参考书，被誉为“没有围墙的大学”。百科全书有许多类别，综合性百科全书是汇集各种知识而编成的，内容通常包括天文、地理、文学、艺术、动物、植物等，如《不列颠百科全书》；专业性百科全书是汇集某种专业知识而编成的，如《DK 人体大百科》；此外还有地域性百科全书，如《西藏百科全书》。

五、年鉴

年鉴是按年编撰出版的参考性工具书，汇集一年之内的新闻、事件、数据和统计资料等，可以分为综合性年鉴和专业性年鉴两类。综合性年鉴是把一年或若干年内的资料汇集在一起，再细分类，如《中华人民共和国年鉴》。专业性年鉴记录的是某一行业或领域每年发生的重要事情，如《广东电影年鉴》。

六、图录

图录是把复杂的事物用图表方式表现出来的工具书。通常用地图标示位置，或用表格列出各种资料、数据，再用简单的文字加以说明，如《中国历史年表》。

综合性百科全书参考书目

1.《中国大百科全书》，中国大百科全书出版社。
2.《不列颠百科全书》，中国大百科全书出版社。
3.《DK 百科全书精选礼盒装》，电子工业出版社。
4.《DK 小学生百科全书》，电子工业出版社。
5.《DK 儿童世界认知大百科》，电子工业出版社。
6.《拉鲁斯幼儿小百科》，电子工业出版社。

专业性百科全书参考书目

1.《DK 人体大百科》，电子工业出版社。
2.《DK 自然传奇大百科》，电子工业出版社。
3.《DK 危险大百科》，电子工业出版社。
4.《DK 动物生活大百科》，电子工业出版社。
5.《DK 青少年人文科普百科哲学百科》，电子工业出版社。
6.《DK 军事历史大百科》，电子工业出版社。
7.《DK 儿童科学益智大百科》，电子工业出版社。

班级档案

数一数你们班一共有多少名学生。如果为他们每个人分别建立一份档案，可以建立哪几种索引，以便将来查找和使用？

自学苦读的王云五

王云五是20世纪初期的著名学者，也是一位出版家。他的求学过程很不顺利，因此大都是靠自己苦读，求得知识。其中最让人津津乐道的，就是他把多达35册的《不列颠百科全书》很仔细地全部读完了。

当时，王云五在好奇心的驱使下，省吃俭用，以3年分期付款的方式买下了一套《不列颠百科全书》。这3年当中，他每个月都要拿出一半的薪水还贷。所以，他格外珍惜这套书，也特别用心地去研读。

这套《不列颠百科全书》一共35册，内容无所不包。王云五先从索引开始读起，再有系统地阅读同一题材及它的相关题材的内容。他每天阅读，从不间断，一天读两三个小时。3年之后，他竟然将整套书读完了。

借由这种方式，王云五获得了各种不同学科的知识，也因此成为一位学识渊博的学者。

参考答案：个人爱好索引：办课外活动时，便于分组。
出生日期索引：按月给当月过生日的人寄贺卡……

奇幻世界

你能猜出下面这两道谜题的答案吗？（提示：一种物品。）

1. 有山没有石，
   有村没村民，
   有河没有水，
   有海不通船。

2. 高山不见一寸土，
   平地不见半亩田，
   五湖四海没有水，
   世界各国在眼前。

活用练习

你常用的工具书有哪些呢？是不是只有字典、辞典？如果是的话，那真是太可惜了！因为还有许多好用的工具书正等着你去和它们做朋友呢！

现在，请你到学校的图书室或附近的图书馆，找找看有哪些工具书，并写下书名。

参考答案：你猜到了吗？谜底都是地图。

第三章 · 如何找到合适的工具书

工具书可以帮助我们解决各种疑难的问题，为我们提供各项资料。但是，工具书这么多，我们要怎样才能找到自己需要的工具书呢？下面有几种办法可以供你参考。

一、先了解问题的性质

以《完璧归赵》的剧本为例，它详细描述了蔺相如出使秦国的经过，但对蔺相如和秦昭襄王这两个人物却没有太多介绍。如果要进一步认识他们，就先想清楚这个问题属于哪一类。很显然，是人物方面的，因此可以翻查一般的大型辞典、百科全书或人名辞典。又如汉武帝时，张骞奉命出使西域，打通了汉朝通往西域的南北道路，即赫赫有名的“丝绸之路”。如果你想更深入地了解“丝绸之路”，该怎么查呢？“丝绸之路”是一个和地理、历史有关的名词，所以可以翻查大型辞典、百科全书，或地理、历史类专业性工具书。

二、了解工具书的分类

我们不但要了解问题的性质，还要了解工具书的分类，才能找到对应的工具书，得到需要的答案。例如，上课时老师提到："从前，有一个外国作家，写了一本故事书，叫《格列佛游记》。"如果我们想阅读这本书，那么，书目一类的工具书可以提供线索，告诉我们哪些出版社出版了这本书。如果只是想了解一下这本书的写作背景和内容，那么，百科全书或大型辞典都有相关的说明。

三、了解图书馆的内部设备

图书馆中的工具书，通常会放置在靠近入口或比较醒目的地方。规模大一些的图书馆，还会特别设置工具书室，陈列各种工具书供人翻查使用。还有些图书馆会特别为儿童设置专用阅览室，陈列专供儿童使用的工具书。

儿童专用
阅览室

四、利用图书馆的目录卡片

如果图书馆太大，一时找不到工具书陈列的地方；或者工具书太多，不知道哪些工具书能满足我们的需要，那么可以先利用图书馆的图书目录卡片或计算机来查询。检索出的信息上通常会注明这本书的放置地点，如工具书室、儿童阅览室等。

五、询问图书馆中的工作人员

图书馆的入口处通常设有询问处，各间阅览室也都有工作人员。我们可以向询问处或阅览室内的工作人员询问工具书陈列的地方，甚至可以提出自己的问题，向工作人员请教，他们会告诉我们该翻查什么工具书，才能找到需要的答案。

六、到书店寻找

有些书店会将常用的工具书陈列在一进门的书架上，供读者翻查或选购。我们有任何问题，也可以向书店的店员请教。

七、请教老师或家长

老师和家长等有经验的长辈是我们求学时的好老师，他们会凭着自己使用工具书的经验，给我们一些宝贵的建议。

总而言之，依照问题的性质，翻查相关的工具书，这是使用工具书的基本要领。当然，现在有了计算机的帮助，我们能更加快速有效地找到我们需要的信息或工具书。

一路向北

冬冬一家人想在暑假出去旅游。他们决定要到中国最北端的城市玩，但是中国最北端的城市是哪里呢？大家都不大清楚，因而争论不休——

爸爸：“黑河是中国最北端的城市。”

妈妈：“佳木斯是中国最北端的城市。”

冬冬：“漠河是中国最北端的城市。”

他们三个人当中，只有一个人说对了。请你想想看，哪个人是对的？

我的百科全书

你常看期刊杂志吗？期刊杂志里有各式各样的信息和资料，你不妨把自己喜欢的内容摘录下来，编一本属于自己的百科全书。想想看，这本百科全书里都要有哪些资料？（提示：只要考虑自己的兴趣和需要，而不用根据一般的学科分类。）

参考答案：冬冬是对的。当然，如果去翻查中国地图，回答这个问题就容易多了。

参考答案：篮球队介绍、小笑话、假日最佳去处……

如何选择工具书

市面上的工具书多得让人眼花缭乱，要如何选择好而适用的工具书呢？你可以从下列几点出发去比较。

1. 内容：每本工具书所收的条目都不一样，例如同样是百科全书，有的偏向外国的题材，有的偏向本土的题材，因此要先考虑内容是否符合自己的需要。

2. 制作：仔细看看作者和主编是谁，前言中有没有说明编写的过程，资料的来源是哪些。有些工具书只是把别人的资料拼凑起来，粗制滥造，不可不注意。

3. 表述：语言表述是否通顺、清楚？解说的内容是否充分、正确？

4. 使用：编排的方式是不是方便翻查？有没有附加其他的索引？编者对于使用方法是否考虑周详，并在前言中进行了清楚的说明？

5. 其他：字体大小是否合适？图片是否清晰？纸张会不会反光？装订牢固吗？

以上问题，可以先根据书本前面的说明去了解，然后翻一翻书，选其中的一两则条目读读看，这样才能做出最好的选择。

tips

随着科学技术的发展，越来越多的人会选择利用互联网查阅资料，既便捷又高效。许多人会觉得，何必非要在家里准备纸质工具书呢，又花钱又占地方。

的确，网络可以提供海量的信息，在网络上查询资料也很方便，但这种方式也存在一些问题。一方面，这些网络上的信息审校粗糙；另一方面，这些资料来源的真实性和权威性也不好查证。这些都与传统的权威工具书有差异。

除了汉语类工具书，现在的学生也需要在案头常备英语或双语类工具书，那么这类工具书应该如何选择呢？

首先，看出版社，应选择知名的、在此领域有专长的出版社，这是质量的保证。

其次，看收词量，看它是否和自己学习英语的水平相匹配。

第三，看出版日期，尽量买新版的，当然前提是正版的。

最后，看工具书的其他实用功能有哪些，根据自己的需要和喜好选择。

另外，要选择装帧和印刷质量高的工具书，以免买到盗版，耽误学习。

第四章·使用工具书的注意事项

每本工具书都有它的编辑目的，也就是说，它是为了某些特别的需要而编的。每本工具书也都有它的编辑方式，这就是所谓的编辑体例。所以，使用工具书之前，应该注意下列 4 项事情，才能收到事半功倍的效果。

一、先阅读工具书的前言、说明等

在前言、序、说明等文字中，会简单扼要地阐明这本工具书的编辑宗旨、编纂方式和内容等。例如，商务印书馆出版的《现代汉语词典》就在说明中提到了这本词典要“反映现代汉语词汇新面貌，体现有关学科研究的新成果，落实国家有关语言文字方面的新规范”，我们可以据此判断，这本词典中收录的是现代汉语用语，如

果我们要查张骞、李清照、合肥等人名、地名，就不适合用这本词典；但是一般的现代词语，像自助餐、追尾等，则可以在这本词典中查到。

二、了解工具书的编排方式

工具书有的是按照汉语拼音字母次序或笔画数编排，有的按照部首编排，有的则是根据类别编排。了解每本工具书的基本编排方式之后，还应进一步研究条目间的排列顺序。例如《现代汉语词典》中，单字条目按汉语拼音字母次序编排，那遇到同音字怎么办呢？这本工具书的同音字是按笔画排列的，笔画少的在前，多的在后，笔画数相同的，按起笔笔形次序排列。每一本工具书的编排方式不尽相同，如果我们不去了解就随便乱翻，则会浪费许多时间。

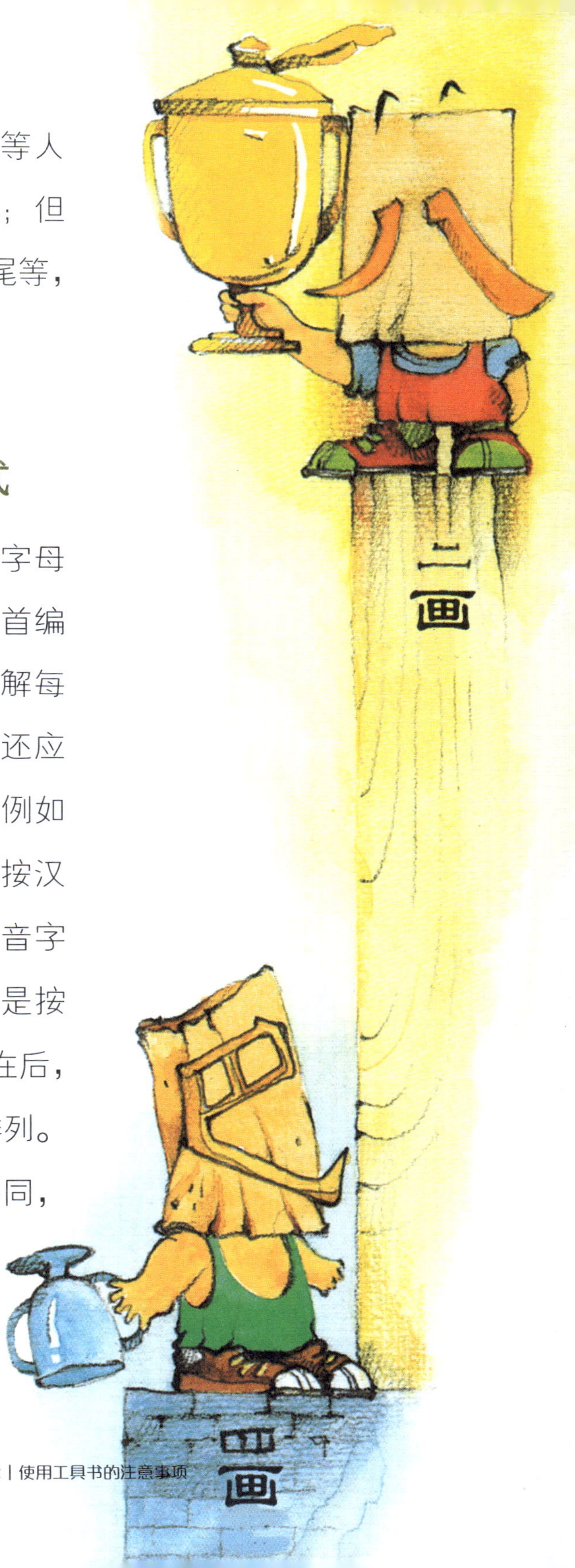

三、翻查工具书的附录

有些工具书还会增加其他的附录，使我们在翻查时更为方便。例如，商务印书馆出版的《新华成语词典》，是按照汉语拼音次序编排的，同时，词典还提供了其他的检索方式：词目笔画索引。如果想查找“一字千金”这个成语，可以先在“词目首字音序表”中找到“yi”，再找到“一”字，根据后面的标注“960”翻到960页开始查找，最后在986页找到“一字千金”条目；也可以在“词目笔画索引”中查找“一画”，找到“一字千金”条目，根据后面的标注“986”翻到986页，找到“一字千金”条目。

有的工具书还会在附录中提供大量相关知识，例如，《现代汉语词典》的附录就包括《我国历代纪元表》《计量单位表》《汉字偏旁名称表》《汉语拼音方案》《元素周期表》等内容。

四、翻查工具书的版本记录

工具书的内容大多具有时间性，经过一段时间就必须加以修订，才能满足读者的需求。近几年涌现的新词，增补的新义等都要在修订、再版时增加进去，陈旧的词语则要删去，有错别字的则要订正。工具书在修订、再版之后，会在版权页中载明初版的年月、再版的年月及修订的年月。例如《现代汉语词典》就在版权页注明了 1978 年 12 月第 1 版、2016 年 9 月第 7 版等信息。我们要翻查最新版的工具书，才能掌握最新的资料。

字典、辞典参考书目

1.《新华字典（第 12 版双色本）》，商务印书馆，收录单字 13000 多个。

2.《现代汉语词典（第 7 版）》，商务印书馆，收录单字约 12000 个，收录词语约 57000 个。

3.《新华歇后语词典》，商务印书馆，收录常用歇后语约 4000 条。

4.《牛津高阶英汉双解词典（第 9 版）》，商务印书馆，收录 185000 余条单词、短语、释义。

5.《汉语成语小词典（第 6 版）》，商务印书馆，收录常用成语 4600 条。

活用练习

请回答下面的问题，如果答不出，那可得花点儿工夫研究一下自己手边的工具书了！

1. 我最常用的工具书是（____________________）

2. 它的书名是（____________________）

3. 出版社是（____________________）

4. 出版时间是（　　）年（　　）月

5. 一共有（____________________）页

6. 有没有附录？（____________________）

7. 我最常用的附录是（____________________

____________________）

“分”球

你喜欢打球吗？下面有10种球类运动，请你把它们分类，分类方法越多越好！

篮球　足球　保龄球　羽毛球

棒球　排球　曲棍球　乒乓球

垒球　网球

参考答案：按名称可分为两个字的和三个字的；按玩法可分为中间有拦网的和没拦网的……

有无之争

从前，有个读书人要到京城参加科举考试。参加考试的人都要先领取表格，填写自己的资料。他领到表格，看到其中有一栏是“面容”，也就是“长相”。当时还没有发明照相技术，只能用文字来描述，于是这个读书人就在这栏写了“微须”。

到了考试那一天，监考人员拿着他的表格，对着他端详了半天，说：“这上面写着‘微须’，‘微’就是有一些，可是你连一根胡子也没有，一定是冒名顶替的，不准进去。”

读书人听了非常着急，就赶紧说明：“‘微’是没有的意思啊！古书上曾说：‘微禹，吾其鱼乎。’意思是没有大禹治水，我们不都成了水里的鱼了？所以‘微’就是没有，‘微须’就是没有胡子。”

监考人员想了想，突然眼珠一转，大声说：“古书上曾说：‘孔子微服过宋。’意思是孔子穿着一般百姓的衣服经过宋国，不让别人认出他来。如果按照你的说法，‘微’是没有，难道孔子经过宋国时是不穿衣服、光着身子的吗？”

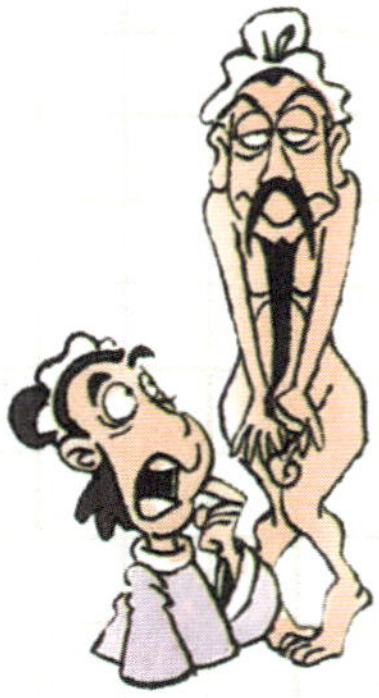

你知道“微”究竟有哪些意思吗？通常一个字会有好几种字义，如果我们不仔细分辨，就会误解整句话的意思。因此，读书学习一定要勤查字典，确定每一个字、每一个概念的真正含义。

第五章·如何使用工具书

下面就几种常见的问题，分别说明使用、查阅工具书的方法。

一、查单字

例如要查“松”这个字，可以查《现代汉语词典》。“松”的部首是“木”，先在部首目录中查出木部在34页；然后在检字表34页找到木部，“公”共4画，在“四画”下，可查到“松”字在1242页。还可利用音节表，在“S”下找到“sōng”，在1242页，翻到1242页，即可找到“松”这个字。

二、查词语

例如，你在某个文章中读到了有关“希望钻石”的故事，想要更深入地了解，你可以查阅百科全书。如，在《DK 宝石圣典：矿物与岩石权威图鉴》的 125 页，你可以看到有关“希望钻石”的内容，它重 45.52 克拉，是一颗极其罕见的宝石，在这一页中，你还可以读到这颗宝石背后的故事。

三、查成语

例如，你在某篇文章中读到一句引自古人的名言：“桃李不言，下自成蹊（xī）。”要了解这句话是什么意思，我们可以翻查成语辞典或一般辞典。

1. 翻查成语辞典。在商务印书馆出版的《新华成语词典》的第771页，可以找到“桃李不言，下自成蹊”的词条。原来，这句话出自《史记》，意思是桃树、李树虽不说话，但由于人们前来赏花摘果，使得树下自然形成了一条路；比喻为人诚挚，自然会受到人们的尊敬，产生极大的感召力。

2. 翻查一般辞典。比较常见的成语，在一般辞典也可以查到。譬如在《现代汉语词典》第1277页，也可以查到“桃李不言，下自成蹊”的词条。另外，还可以看到“桃李”的词条，了解到“桃李”用来比喻所教的学生。

活字典

我们有时会将一个有学问的人称为“活字典”，因为他无所不知，就像一部字典。请你想一想，向“真”字典和“活”字典请教问题，各有什么优点？

参考答案：

1.“真”字典：可以重复问它同样的问题，不用担心它会不耐烦；随时就在身边，等你提问题。

2.“活”字典：不用翻查即可直接得到答案；能够得到你没想到的问题的答案……

蓝荫鼎的大辞典

蓝荫鼎是知名的画家，在他的心目中，“地球”是人一生中看不完、也读不尽的一部“大辞典”。

他认为，人从出生开始，便在地球上成长、学习，最后年老去世。大自然中的一切，都充满了智慧和哲理。所以，地球是一部名副其实的“大”辞典，比世界上任何一套百科全书都更丰富，更值得人们一页一页地去研读。

活用练习

有 4 个小朋友迷路了，好心的警察把他们带回了派出所。糟糕的是，他们除了会说自己的名字外，其他的一概不知道。他们的名字分别是：

甲：“我的名字叫‘王 zhé’。”

乙：“我的名字叫‘李 háng’。”

丙：“我的名字叫‘陈 wěi’。”

丁：“我的名字叫‘张 pèi’。”

这该怎么办呢？连准确的名字都不知道，要从哪里着手呢？还好，这 4 个小朋友忽然想到一件事：

甲：“我的老师告诉过我，我的‘zhé’是口部，一共有 10 画。”

乙：“我的‘háng’是舟部，一共有 10 画。”

丙：“我的‘wěi’是纟部，一共有 7 画。”

丁：“我的‘pèi’是亻部，一共有 8 画。”

警察听了，歪着头想了想，高兴地大叫：

“我有办法知道他们的名字了！”

你知道警察想到了什么好办法吗？这 4 个小朋友的名字究竟是什么呢？

参考答案：利用字典先翻找部首，再用字的总笔画数减掉部首的笔画数，根据剩下的笔画数和注音，就可以找出答案了。例如zhé，是口部，用总笔画数10画减掉口的3画，是7画，翻到“口部”“七画”的部分，查一查哪个字念zhé，答案是“哲”，所以甲的名字是“王哲”。用此方法可以得知乙、丙、丁分别是“李航”“陈纬”“张佩”。

中国第一部字典

汉字是世界上最古老的文字之一，已经有6000年左右的历史。但是一直到东汉，也就是大约2000年前，才有人将汉字做系统的整理，这个人就是许慎。许慎编撰的《说文解字》是中国第一部按部首编排的字典。但第一部真正以“字典”命名的工具书则是《康熙字典》。

《康熙字典》是30多位著名学者花了6年的时间编成的，共收录汉字47035个。字典完成于康熙五十五年，所以命名为《康熙字典》。从此以后，这类说明字词的工具书就叫作字典了。

旷世之作

有“幽默大师”之称的林语堂先生学贯中西，他到中国台湾定居后，认为当时的汉英辞典不敷使用，于是在第二年接受了中国香港中文大学的聘请，主持编纂《林语堂当代汉英词典》。编纂这部词典时，林语堂的书房内堆满了稿子，他每天花七八个小时工作，有时甚至十多个小时埋首案前，前后共花费了5年的时间。这部词典最终在1972年出版。

无独有偶，美国编辞典专家韦伯斯特，从1807年到1828年，一共花了21年时间，编成一部《韦氏国际英语词典》（俗称《韦氏大词典》）。

由前面的两个例子可见，一部好的工具书，制作起来真是耗日费时啊！

活用练习

小朋友，你呢？请你利用工具书查查看，有哪些名人与你的姓氏相同？

温故知新

在写以“我会查字典了”为主题的文章时，可以这样描写查字典的过程：

“爸爸告诉我，查字典要先认识部首。‘醺’字的部首是‘酉’，在部首表中找到‘酉’，翻到检字表中对应的页数；再数一数‘熏’字的笔画，14画，在检字表中‘酉’部的对应的笔画数下果然找到了‘醺’字……”

这段文字将查字典的步骤详细地写了出来，不仅自己复习了查字典的过程，也能让读者根据文章学会查字典的方法。

奇妙语文图书馆·阅读与表达

有效的读书方法

好学的爱迪生

王大绩（北京市语文特级教师）/主审
郑利强/主编

電子工業出版社
Publishing House of Electronics Industry
北京·BEIJING

目录
CONTENTS

第一章 • 好学的爱迪生

爱迪生小时候功课很差，老师讲课的时候他不好好听，整天想些稀奇古怪的事。老师拿他没办法，只好送他回家，请他不要再来学校了。爱迪生的母亲以为儿子的资质差，心里很难过，但她并没有就此放弃爱迪生，反而决定自己来教导他。

爱迪生慢慢长大，对发明和实验产生了兴趣，也开始喜欢读书了。学校不接收他，他就每天到图书馆看书、借书，勤奋地阅读。

有位老学者也常去图书馆，看到爱迪生天天来看书、借书，很欣赏他好学的精神。有一天，老学者忍不住问爱迪生："你一定很喜欢看书吧？你每天都看些什么书呢？"

"我不但喜欢看书，而且什么书都看。我已经读了大概 5 米厚的书了。我准备把这里的书全部读完！"爱迪生很认真地回答。

老学者听了，露出既惊讶又赞许的神情，但随即很严肃地对他说：“孩子，你读书的精神实在可嘉，但是这样的读书方法和习惯是不正确的。古今中外的书籍数不胜数，就算花一辈子的精力，也没办法将它们全部读完；而且有些书并不适合如此快速地阅读。你应该选择对你帮助比较大，或是你最感兴趣的书先读，这样才能有效地学习书中的知识，并将获得的知识加以应用和发挥。”

爱迪生听了老学者的话，从此改变读书的方法和习惯，终于成为伟大的发明家。

我们若想愉快地学习，并得到良好的学习效果，就必须先掌握正确的读书方法，培养正确的读书习惯。正确的读书方法和习惯是打开知识宝库的钥匙，若不得钥匙，便只能永远在学问的墙外徘徊。爱迪生的经历就是最好的例子。

温故知新

读书不但要有效率，而且要懂得对书中的知识加以运用。一位名人曾在一封家书里提到读书：

凡是学过的东西，总要能够运用才好。如果单是记牢而不能应用，得到了学问也是枉然。这类人就成了所谓的“书呆子”。总之，一个人书读得多而不能应用，不仅没有益处，而且会越读越呆。读书求学，总要使心里十分明白。学了一句话，懂得实地使用就好了。

这段话，很值得我们仔细思考。

峰峰相连

下面有一道谜题，请你猜猜看谜底是什么。

翻了一座山，
又翻一座山，
山岭连山岭，
一望没有边。

参考答案：读书。

你猜对了吗？你是不是也有同感呢？书是一辈子都读不完的，掌握读书方法，活用书中的知识才是最重要的。

tips

读书并不一定要把书从头读到尾，你应该意识到，你才是读书的主体，你可以带着目的去读一本书。如果书中有些内容你已经了解了，那么这部分内容你可以快速翻看或略过。如果你看书只是想解决某个问题，那么你可以暂时只看书中的某一部分。这就是爱因斯坦所说的：“在所阅读的书本中找出可以把自己引向深处的东西，把其他一切通通抛掉，就是抛掉使头脑负担过重和会把自己诱离要点的一切。”

我国著名的数学家华罗庚把读书的过程归纳为“由薄到厚”与“由厚到薄”两个阶段。他说：“一本书，当未读之前，你感到就是那么厚；在读的过程中，如果你对各章各节又做深入的探讨，在每页上添加注解，补充参考材料，那就会觉得更厚了。但是，当我们对书的内容真正有了透彻的了解，抓住了全书的要点，掌握了全书的精神实质后，就会感到书本变薄了。愈是懂得透彻，就愈有薄的感觉。这是每个科学家都要经历的过程。这样，并不是学的知识变少了，而是把知识消化了。”

可见，读书不能只求数量，而要深入领会书中的精要，真正做到融会贯通。

第二章 · 读书的目的

人为什么要“活到老，学到老”？读书的目的是什么？如果你读过宋朝学者朱熹的诗《观书有感》，或许会对读书的目的有所感悟，并且珍惜所有读书的机会。

“半亩方塘一鉴开，天光云影共徘徊。

问渠那得清如许？为有源头活水来。”

在这首诗中，朱熹表达了自己的感受。诗中所说的“活水”便是知识，每天读书，便每天都能收获新的知识。新的知识如活水般源源而来，使我们能“日日新”，人生也就快乐而充实。

读书不但可以获得新知、陶冶情操、提升气质，还可以激励人奋发向上，使人懂得做人处世的道理。通过读书，我们能获得成长，也能得到许多乐趣，这就是读书的目的。

明确读书目标

读书之前，如果能够明确目标，就可以提升读书的效果。不信的话，请你看看下面这个问题。

有一天，你从公交车的起始站上车，车上除了一位司机和你，还有 7 个人。接下来，每一站下车和上车的乘客人数如下：下 1 人，上 5 人；没下人，上 3 人；下 2 人，上 3 人；下 4 人，没上人；下 5 人，上 3 人。请问公交车一共停过几站？

是不是一时答不上来？因为你只注意人数，而没想到要注意停站次数，所以把这个细节忽略了。由此可见，如果读书没有目标，那么，连简单的数字也记不住。

tips

在中国古代家训中，读书一直是重要的篇章，几乎每个家训中都被重点提及。北齐文学家颜之推所著的《颜氏家训》中就有《勉学》篇，他在劝学时说的第一句话便是“自古明王圣帝，犹须勤学，况凡庶乎！”这是在告诫子孙，明王圣帝都要勤学才能有所成就，更何况是平民百姓。

唐宋八大家之一的欧阳修曾说：“立身以立学为先，立学以读书为本。”阅读一本好书就像在和一位知识渊博的人谈话，他的语言无不闪烁着智慧的光芒，无不传达着高尚的修养。

人的活动范围有限，只能了解身边发生的事情，但是打开一本书，就可以不受时间、空间的制约，即便足不出户，也可以遨游于天地之间，遍览世界各地，品味古今中外。

韩愈曾说：“人非生而知之者，孰能无惑？”意思是说，人不是一生下来就什么都懂的，有谁能没有疑惑呢？我们在书中，可以看到古往今来人们的人生感悟及处事方式，这样，我们在困惑时就有了参考和参照，能够更加准确和深刻地认识各种事物，更加有前进的动力。

第三章·读书的乐趣

你有没有过废寝忘食地捧着一本心爱的书，细细品味其中的内容？你有没有过省吃俭用地省下零用钱，只为了买书来读？如果答案是肯定的，那要恭喜你，因为你体会到了读书的乐趣。这话怎么说呢？就让孙中山和林肯来告诉你吧！

1910 年 8 月，孙中山先生到伦敦考察，当时他的生活非常困苦，他的好友便向当地的中国留学生募集了三四十英镑送给他。

过了几天，他的好友去探望他，发现他将那些钱都拿去买了书，大大小小的书籍塞满了整个房间。好友便责备他不该只顾读书，不顾生活。

孙中山先生笑着说：“我这人除了革命，就只爱读书。我一天不读书，便无法生活，所以非读不可。”

也曾有人问过林肯：“先生，你为什么这样好学？”林肯笑着回答：“没有什么，只是兴趣而已。”后来孙中山和林肯都成了很有学问的伟人。

通过上面两则小故事我们可以知道，唯有对读书产生兴趣，才会喜爱读书，并乐此不疲；唯有喜爱读书，才能专心致志，努力向学。相反的，如果缺乏兴趣和主动读书的意愿，只因被逼迫而读书，或为得到高分而读书，那读书就是一件再苦不过的事，当然就更谈不上有效率。读书的兴趣并不是凭空得来的，它潜伏在努力之中，可以慢慢培养起来。

有了兴趣的支持，我们就能在学习的旅途中，获得愉悦并充满信心。所以说，“兴趣是学习的原动力”。孔子也曾说：“知之者不如好之者，好之者不如乐之者。”

这句话的意思是，对于学问或事物，了解它的人不如喜爱它的人；喜爱它的人又不如能以它为乐并陶醉在其中的人。

因此我们应该先培养读书的兴趣，有了兴趣，学习起来会更加高效。

挑灯夜战

你是否有过这样的经历：考试前临时抱佛脚，整夜读书，不敢睡觉？如果答案是肯定的，那么请你看看下面这个实验报告。

有2位心理学家，找了2名受试者，让他们同时去记10个没有意义的音节；然后让其中一人马上睡觉，另一人则不准睡觉。一段时间后，心理学家让他们说出这10个音节。睡过觉的人大多还记得，没睡觉的人却忘得差不多了。

因此，有些专家指出，睡眠能够减慢遗忘的速度。一个人经过1小时的睡眠后，遗忘率是30%；如果不睡觉，1小时之后，遗忘率则达到59%。

这样看来，挑灯夜战恐怕会得到反效果哦！

活用练习

请回想一下自己看过的书，然后回答下面的问题，并说明原因。

1. 哪一本书你看得最开心？

2. 哪一本书你看得最感动？

3. 哪一本书你看得最生气？

第四章 • 读书的正确方法

只要有兴趣，就能有效学习吗？不一定。如果我们把书比喻为知识的宝库，兴趣就是开启宝库的钥匙。但是如果不懂得正确的使用方法，即使得到这把钥匙，也没有用。那么，读书的正确方法是什么呢？

一、古人和今人的读书方法

古人将读书分为“博学、审问、慎思、明辨、笃行”5个阶段，即广博地学习、审慎地询问、慎重地思考、明白地分辨、切实地实行。

这5个阶段必须相辅相成，才能收到实效。

今人读书则强调六到——眼到、心到、手到、口到、耳到、脚到，即用眼观察、用心思考、用手去做、用口说出、用耳去听、用脚去找。手脑并用，动用多种感官，才能加强印象、有效记忆，进而提高学习的效率。

二、浏览、提问、阅读、复述、复习

至于具体的阅读方法，这里介绍一种世界闻名的有效阅读方法。它包含 5 个步骤。

1. 浏览

将所要阅读的材料大致翻阅一遍，先阅读前言及概要，然后阅读章节标题及关键字句，以了解全书的架构及要点。这样可以控制阅读的注意力、阅读的时间，把握阅读的目标。

2. 提问

希望阅读之后有大的斩获，最好的方法是先问问自己：要从书中获得哪些答案？试着将每个标题都转变成一个问题，这样可以激起求知欲、集中注意力，也有助于加深理解。有了问题，再试着从已知的资料中寻求答案。

提出问题，会使书中的重点突显。有些作者会在每个章节后提出问题，引导读者思考一番，你也可用它来检测自己对重要内容了解了多少。这种一边阅读，一边寻求答案的学习过程，可以使你专心地沉浸在书中的世界。

3. 阅读

按照顺序阅读，寻找重点问题的答案，同时加以消化吸收；再在关键性的词句下面画上记号，或在笔记本上做成摘要，以便日后复习。

4. 复述

回忆书中的重点、关键部分并复述，试着回答自己之前所提出的问题。复述的过程是思考、理解、融会贯通的过程，经过复述，记忆会更加深刻。

5. 复习

复习不但可以加深对知识的印象，而且能增进理解，进而做到举一反三，灵活运用。因此，在适当的时机或一段时间之后，应再照着前面的步骤做复习的工作。在学习新课程时，如果能先复习学过的相关课程，那么新的知识吸收起来也会非常快。

如果你能将这 5 个步骤熟练运用，读书一定会更有心得，并享受到读书的快乐和成就感，而这也会进一步加强你对读书的兴趣。

读书遇到晦涩难懂的地方不需逼迫自己“强攻”，可以先做个标记，然后跳过，等有了新的知识积累再回头来看，可能难题就会不攻自破。

5 分钟认识一本书

书店或图书馆里有成千上万的书，怎样才能在有限的时间内，找到自己需要的书呢？

按照下面的 4 个步骤进行，便能在 5 分钟内认识一本书。

1. 看书名。根据书名判断书的内容，并判断它是不是你喜欢的题材或找寻的资料。

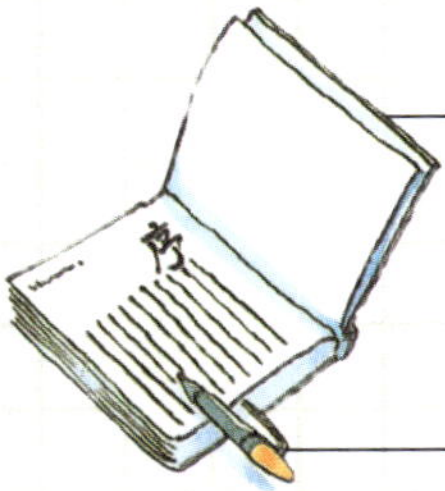

2. 看前言。前言在书的正文之前，以简短的文字说明书的内容。根据前言可以了解书的内容与品类。

3. 看目录。目录中会列出书中各章节的标题，由此可看出书的内容大纲。

4. 看图片。书中附有情节性插画的，通常是故事性的书；如果是实物图或解说图，则大多属于知识性的书。由图片可看出书的类型。

一一检视这些内容后，你便能很快锁定目标，找到你要的书。

复述的要诀

复述是对读书效果进行自我检验的重要环节。复述的方法有 3 种：

1. 讲给别人听或讲给自己听。

2. 默写出大纲。

3. 在脑海中呈现书本的内容。

复述后，看看自己属于下面哪一种情形：

1. 复述正确——这样能够加深印象、增强记忆。
2. 复述错误——没关系，赶快把书重读一遍，及时更正错误的地方。
3. 复述不出——得督促自己多下功夫了。

经过复述，阅读时所获得的知识，才能精确地长驻于脑海中。

第五章 · 读书的速度

想要高效读书，除了要有方法、有步骤，还要注意一点，那就是读不同的书，要用不同的阅读速度。

按照阅读的速度，阅读通常可以分为浏览、略读和精读 3 种。

一、浏览

浏览是一种快速阅读的方法。当我们想要阅读某种资料时，先快速阅读资料的题目、内容简介及重要的结论。这就如同吃饭之前先看看菜单，了解有什么菜肴，再决定吃什么；也好比作战之前，先驾着飞机去侦察敌人的情况，然后再决定采用何种战略。一般来说，阅读报纸、杂志及查资料等，适合用快速浏览的方法。经过浏览找到所要的资料后，再精读资料，将资料的内容进行消化、吸收。

二、略读

阅读时，不逐字逐句地阅读，而是着重阅读关键的段落或句子，这就是略读。略读可以使我们迅速掌握全文的结构和观点。略读时一般以段为单位，采用跳读的方法，从段首扫视至段尾，迅速把握每段中关键的句子；然后将各段大意联结起来，找出全文主旨。略读的目的是迅速通读全文，吸取精华，千万不能一味求快。

三、精读

精读就是慢慢地读，仔细探讨书中的细节、要点，把握文字精髓，并加以记忆、思考，进而融会贯通。有时也要动手在要点旁做记号，

或将其写在笔记本上，以便随时复习，反复阅读。这就像吃饭，细嚼慢咽才能更好地消化、吸收；也如同作战，只有深谋远虑、步步为营，才能胜券在握。这种读法适用于需要深入了解或值得细细品味的书籍。

使用快速浏览和略读的方法看得快，看得多，能在有限的时间内博览群书，获得较多的知识。精读则能使人加强记忆，加深对内容的理解。

如果你能依据阅读的目的和读物的类型灵活选择阅读的方法，必能得到事半功倍的效果。

tips

当代作家秦牧曾给“精读”作了一个形象的比喻，他说：“精读就像老牛反刍，老牛先是粗粗咀嚼食物，咽下去后再回到嘴里细细咀嚼，然后吞咽下去消化吸收。”这个比喻不仅说明了细致阅读和深入体味的必要性，也指明了精读的具体方法——反复阅读。

黑驴读书

从前，有一个国王很喜欢刁难大臣。有一次，他把一位大臣叫来，郑重其事地说：

“后宫的牲口栏里有一头黑色的驴，我命令你在一个月之内，教会这头黑驴读书。”

大臣一听，差点儿当场晕过去。黑驴怎么可能会读书呢？大臣忧心忡忡地回到家，烦恼得好几天都睡不着。又过了几天，他终于想到一个办法。

他带了一本书去牲口栏，把书摊在黑驴面前，并在第 1 页和第 2 页中间放上一小束草，黑驴必须翻过第 1 页才能吃到草。

第 2 天，他把草放在第 3 页和第 4 页中间，黑驴只有翻过第 3 页才能吃到草。大臣用这个方法每天训练黑驴，黑驴渐渐学会逐页翻书，寻找夹在书中的草。

一眨眼，一个月很快就过去了。这天，大臣牵着黑驴，拿着书，到王宫拜见国王。他把书放在黑驴面前，黑驴便用舌头逐页翻书。国王和其他大臣看了，都感到难以置信。

黑驴把书翻完后，突然大声嘶鸣起来。大家好奇地问原因。那位大臣说：

“这本书的结局是好人都被赶尽杀绝，坏人却逍遥法外。黑驴看了生气，所以发出不平之鸣。”

这头黑驴真的能看懂书中的内容吗？原来，那位大臣根本没有在书中放草，黑驴是因为翻了半天没吃到草，所以才气得大叫！

掌握关键词

略读时，怎样既读得快，又能吸取文章的精华呢？最重要的就是抓出“关键词”，让我们练习看看：

我弟弟拉赛尔觉得有怪物，夜里待在衣柜里，我对他说他发疯了。

“不信你去检查一下嘛。”他说。

我不想去。拉赛尔说我胆小得像老鼠。

“才不是呢。”我说。

“你就是。”他说。

我吓唬他怪物要在半夜来吃他。他哭了起来，爸爸走了进来，命令怪物都出去。然后叫我们去睡觉。

“如果我再听见你们讨论怪物，”爸爸说，“我就教训你们。”

我们很快就睡着了。你可能也猜到了吧？那些怪物再也没有回来。

这是美国速读专家科斯博士所举的范例，你不妨试试。

第六章 • 好记性不如烂笔头

人记在脑中的事情，过一段时间就会慢慢遗忘，而最好的补救方法就是做笔记。

做笔记不但可以帮助我们记忆，也可以帮助我们理解，提高读书效率。

做笔记的方法有 2 种，一种是在书上（得是自己的书才行）做记号、画重点、写批注；另一种是把所读的内容整理为有系统的笔记或做成卡片。

那么，如何在书上做记号、画重点呢？通常是用有色的笔在重要的地方，如书中的主要概念或关键句旁，画上线或标记。

画线可以依自己的习惯，可以是直线（—），也可以是波浪线（～）。标记的符号也有很多种，碰到疑问处画“？”，发现错误时打“×”；另外，常使用的符号还有三角形（△）、圆形（○）、星形（☆）、方形（□）等。当然你也可以使用其他符号，只要能一目了然、便于复习，就是好的标记。

“边读边做批注”也是一种简便有效的读书方法。我们在阅读时，可能有些感触，可能有些地方不懂，可能有些补充，这时如果能立刻记下来，不但能加深印象，而且留下的批注也有助于复习。

写笔记是边读、边思考、边整理的过程，将图书的主题、重要的观点及读后的感想做成有系统的要点，并加以归纳和比较。写笔记虽然比较费工夫，但这种手脑并用的学习方法，比起死记硬背，效果要好得多。但要特别注意的是，写笔记切忌只是抄书，文字也不宜多，多了反而会使效果打折扣，“言简意赅”是最好的原则。

“好记性不如烂笔头”，为了整理并保留更多的知识，要养成画重点、做批注、写笔记的好习惯。

tips

边阅读边做标记时，应确定一个属于自己的“标记语言”，就是给不同颜色的笔或标签，以及不同的符号赋予一个固定的意义。

比如，红色表示重点或关键内容，蓝色表示好词好句；用圆圈标记人名，用方框标记地名等。确定并熟悉了自己的“标记语言”，以后提取信息就会快速且高效。

另外，在做读书笔记时，可以在内容旁标记对应的图书页码，以后如果需要引用或查找这部分内容，我们就能迅速定位。

书籍中的图表等，也可以采用拍照、复印等方法收集。

书中的精华

宋朝大学者朱熹曾提到一个很好的做笔记的方法。

第一次读时，把有体会、有感触的地方用红笔圈出；再读时，又把有体会、有心得的地方用蓝笔圈出；以后又用黄笔圈出。这样一来，只要随手把书一翻，立刻就能找到重点。

朱熹提到的这个方法，目的是“渐渐向里寻到精深处”。这个方法是不是很好用呢？你也来试一试吧！

第 6 根指头

方以智是明末清初的著名学者，他的治学方法很值得我们参考。

他每读一本书，遇到喜爱的篇章、片段或佳句，就用卡片抄录下来，然后把它贴在墙壁上，有空便反复诵读。他给自己立下一条规矩：每天必须把墙上的内容全部读上三五遍，直到滚瓜烂熟、能背得一字不差为止。

方以智用这种方法积少成多、聚沙成塔，吸收了不少知识，增长了自己的智慧。

除此之外，他还勤记笔记。他每读完一本书，都会详细地记笔记，摘录要点，并且记述自己的读后感。他的笔记本很多，有的记录为人处世的道理，有的记录自然科学和社会科学的知识，有的专门记录各地的风俗习惯和奇闻轶事……

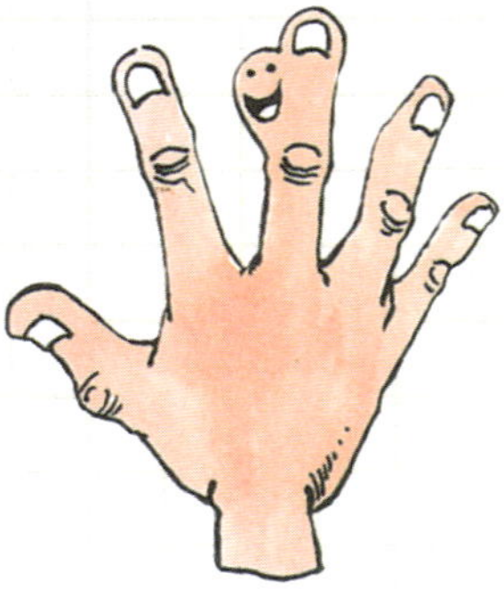

每隔一段时间，方以智都要把笔记整理一番，分类归纳、编写索引，以便随时查阅。

方以智总在记笔记，右手握笔的部位都长了茧，到最后老茧甚至凸起好大一块，活像多了一根手指头，朋友们都戏称它为方以智的“第 6 指”。

第七章 • 如何提高记忆力和理解力

当你看完一篇文章或一本书，是不是有“记住一些东西”或“懂得一些东西”的感觉？“记住”和“懂得”可以说是读书最基本的要求，而“记住”是靠记忆力，“懂得”则是靠理解力。这两种能力虽然不一样，可是却彼此影响。如果能够理解阅读的内容，自然能加深记忆；反过来，如果能够多记住学过的东西，当然也对理解新知识有帮助。

下面我们就来看看怎样提高记忆力和理解力。

一、要增强记忆，请多用“想象法”

想象法是指运用想象、联想等，加深对内容的记忆。通常从“形、音、义”出发，然后加以灵活运用。譬如可以运用谐音，例如，公元前 119 年，张骞第二次出使西域，“119”这个数字是我们都很熟悉的火警电话，所以也就记住公元前 119 年这个时间了。又如汉代发生过三次规模较大的农民起义，一次是公元 17 年的绿林起义；一次是公元 18 年的赤眉起义；还有一次是公元 184 年发生的黄巾起义。这三次起义的名称都有颜色，即绿、红、黄，我们可以与枫叶对照记忆：枫叶春夏时绿，秋天变红，冬天变黄。这样就能记住三次农民起义的名称和顺序了。

二、要牢记不忘，请多用“复述法”

“复述法”就是把书里的内容朗读出来或讲出来。平时我们大多用“默读”的方式看书，并不念出声；如果遇到重要的内容，需要记下来，不妨改用“朗读”的方法，可以增加注意力，帮助记忆。

另外，也可以找一个对象，把你学到的说给他听，就像老师教学生一样。经过这样的解说过程，自己不但能重新复习一次，而且边说边思考、整理，自然也就加深了理解和记忆。

三、弄清楚各科目的特质和学习要领

书的类型很多，不同科目的学习要领也不同，掌握正确的学习要领，才能事半功倍。

H
COS
CO_2

1. 语文

善用字、辞典，遇问题立即翻查，务必弄清楚每个字、词、句的含义，才能进一步理解分段大意、全文主旨。另外，阅读语文书，“朗读”特别重要，可以练习发音、帮助记忆。

2. 数学

阅读数学类的书籍，需要特别专心，因为数学的文字精简且很有逻辑，一不注意，可能就会看不懂或误解成另一个意思。另外，学习数学要注意演算和推理，不能单靠死背公式。因此读数学书，最好准备一支笔、一张纸，时时在一旁演算。

3. 自然科学

不论是生物、物理、化学还是地理，自然科学的知识都是从观察或实验得来的，因此读自然科学类的书，一定要常常问“为什么”，然后仔细研究它的推论过程。如果自己能多观察和动手做实验，对于书中的内容一定更有心得。

地理方面，要养成看地图的习惯。看地图可以帮助我们建立整体的概念，例如一条河从发源到入海经过了哪些地方，或是一个地区和它周围的地区有什么关系，或是一个地区的自然环境和物产、交通、人口分布之间有什么关系。

另一方面，地图也可以突显局部地区的特色，例如中国台湾东部多山，在地图上与西部一比较，特色立刻突显出来。

4. 社会科学

历史方面，研读历史事件时，一定要弄清楚它的发生时间、地点、相关人物，以及为什么发生、经过的情形、造成什么后果等；研究历史人物时，也要先了解时间（时代的背景）、地点（活动的地方），再看看他的事迹；研读政治制度，同样要先知道时间（时代的背景）、地点（实施的地方），然后研究它的内容和作用等。另外，如果能配合历史年表阅读，就能更清晰地梳理整个历史的演变，也有助于掌握历史事件的前后关联。

语文加减乘

奇怪，怎么从来没有见过这种算式，该怎么算呢？其实很简单，在空格中填上适当的数字，使算式成立就可以了。试试看吧！

例：五光十色 × 不二价 = 百货公司 → 50 × 2 = 100

1. 文房□宝 × □字经 = □清□楚
2. □□生肖 × □级跳 = □□□计
3. □科全书 − □声不想 = □□乘法
4. □上□下 − □平□稳 + □宝粥 = □□妇女节

参考答案：
1.四、三、一、二
2.十二、三、三十六
3.百、一、九九
4.七、八、四、八、八、三八

魔术黑板

这是一块魔术黑板，上面的字将在 2 分钟后消失，你能把黑板上的字都记在脑海吗？

（提示：综合运用谐音、编故事等方法，把词串联起来。）

活用练习

下面有一些公众服务热线，请你试着记住它们。

1. 110（公安报警电话）→ 1 － 1 ＝ 0

2. 12345（政府服务热线）→ ____________________

3. 12348（公共法律服务热线）→ ____________________

恼人的数字

1644 年，清军入关，明朝灭亡；公元前 221 年，秦始皇统一六国……这么多数字，怎么记得住？别着急，教你一个小秘诀，把这些数字加减乘除一下，找出彼此之间的关系。比如 1644 → 16 ＝ 4 × 4，221 → 2 ÷ 2 ＝ 1。这样就容易记住了。

但是，不管你的数学多好，有些数字怎样也变不成一个算式，这时候，你可以换个方法，找找看数字的特征。例如，1911 年，辛亥革命爆发，1911 的后两个数字是相同的；626 年，唐太宗即位，626 的头尾两个数字相同，等等。

这两招你都会了吗？当然，读书最重要的是理解，而不是死记硬背，对内容理解了，记忆自然深刻。

参考答案：取字头，利用谐音，编成故事——一位假（甲）孔子，戴着兔帽，有点儿瘸（茄）……

第八章 • 读书的环境

孟母曾为选择良好的环境而三迁。环境会影响学习效率，这是毋庸置疑的。如果环境太吵，置身在噪声之中，如何能专心读书？

读书的环境要清静，通风要良好，光线要充足，只有避免外界的扰乱，才能提高读书的效率。

布置书桌时，书桌最好靠墙或窗放置，光线最好来自左上方，不要在过强或太弱的光线下读书，以免伤害眼睛。如果用台灯，应该加上灯罩，避免灯光直射。

椅子要舒服，坐姿要端正，不要趴着或躺着看书，不良的坐姿对身体发育有不良影响。此外，房间的温度要适中，空气要流通，太热或太冷都会影响读书效率。

有位同学，父亲是位富商，家中装潢豪华，酒橱中放的全是名贵的洋酒，客厅中还有饮酒的吧台。

他的父亲常常请客人来家里饮酒、唱卡拉OK，非常热闹，而他做功课的书房就在客厅旁，自然无法专心读书，成绩也因此一塌糊涂。

由上面的例子可以明白，好的读书环境，并不是指要有宽敞的空间或很完善的设备，安静、令人觉得心平气和，才是最重要的。

温故知新

清朝时，有一个小男孩，读书成绩不好，常常被同学嘲笑，老师也说他没有希望了。他非常难过地回到家里，反省后，他痛下决心："我不服气！我不相信我真的那么笨。一定是因为我读书不用心，没下过功夫。从今天起，我要做给他们看。老师教过的书，我一定读熟；不懂的就问老师，直到懂了为止；读不熟的，就一遍一遍地念，不读熟之前不去玩。"

从此以后，他好像变成了另外一个人，上课认真听讲，有不懂的地方就发问，一回到家就拿起书来温习。他的成绩一天比一天好，渐渐超过了其他同学。长大后，他成了一位学识丰富的学者。

请你想一想，这个小男孩成功的原因有哪些？对于他的读书方法，你有什么看法？

第九章 · 读书的态度

《龟兔赛跑》和《愚公移山》这两则寓言故事，几乎每个人都看过，它启示我们：天下无难事，只怕有心人；有志者事竟成。不论我们做什么事情，只要有坚定的意志、毅力，并且脚踏实地，就容易成功，读书也不例外。

那么，什么才是读书的正确态度呢？

一、读书前先确立目标，做好计划

有了目标才能强化学习动机，提升读书兴趣；有了计划才能循序渐进，全力以赴，将书真正读好。

二、读书时排除一切杂念，专心致志

“心无旁骛”才能心里虚静，将图书的内容融会贯通；否则“心猿意马”，就会视而不见、听而不闻，当然也就不能领略书中的意味了。唯有专心致志，才能使学习更有效率。

三、读书时要有怀疑的精神

孟子认为，“尽信书，不如无书”，我们做学问千万不可死读书，只有经过怀疑、思辨的过程，才能真正吸收、消化书中的知识。

四、读书遇到困难时，要有恒心和毅力

“锲而不舍，金石可镂”，读书要持之以恒，否则“一曝十寒”，“三天打鱼、两天晒网”，最后得不到好收成。

有了正确的态度，在学习的过程中，才能不怕困难，不惧失败，脚踏实地地做学问。总有一天，我们会看到自己的努力结出甜美的果实。

一个成功的渔夫，必须时时牢记三件事。第一，要勤于研究钓鱼的方法；第二，要寻找适当的工具；第三，必须常常把渔网放在水里捕鱼。

一个成功的读书人，也要时时牢记三件事。第一，要勤于研究有效的读书方法；第二，要培养正确的态度；第三，必须要有恒心、毅力，努力不懈。

书是知识的宝库，有效的读书方法就是开启这座宝库的钥匙。如果能灵活运用前面介绍的各种读书要领，那么，读书将是一件快乐的事。

牛角挂书

中国历史上曾出现过两位名叫“李密”的名人。一位是晋朝的读书人，以孝顺著称；另一位生于隋朝，也是个读书人，以勤学闻名。

隋朝的李密幼年时便懂得善用时间来读书。有一次，他随父亲去远方拜访朋友，因为担心路途遥远，耽误读书的时间，他便想了个两全其美的办法：用麻绳把书捆起来，挂在牛角上。这么一来，他就能够一边赶路，一边骑在牛背上看书了。

途中，李密父子遇见朝廷官员杨素，杨素看见牛背上的李密一动也不动地专心读书，便悄悄跟在他们后面走了一段很长的路，而李密却始终没有发觉。

直到李密读完一本书，正要换另一本书时，杨素才上前问他为什么在牛背上看书，他回答：“这样才不会浪费时间啊！”

后来，人们就以“牛角挂书”这个成语来比喻读书勤奋。

李密的勤学精神确实值得学习，但是在牛背上读书似乎有些不妥当。你知道为什么不妥当吗？

参考答案：牛身摇晃，会影响视力；骑在牛身上读书，不能注意路上的状况……

獐鹿之辨

北宋政治家王安石有个博览群书的儿子王雱（pāng），以博学多闻著称。

王雱十几岁的时候，有位南方友人送给王安石一头獐和一头鹿。獐和鹿长得极为相似，只是獐无角，鹿有角，而且獐的行动比鹿更为敏捷。

这位南方友人听说王雱很聪明，就问他：

“你知道笼中哪头是獐，哪头是鹿吗？”

王雱从未见过这两种动物，实在分辨不出。可是客人和父亲都在等着他的答案，王雱不愿服输，便巧妙地回答：

“那还用问吗？獐旁边的是鹿，鹿旁边的自然就是獐喽！”

客人见王雱边指边说，以为他真知道，不禁惊奇地说：

“讲对啦！你真是神童啊！小小年纪就能分辨獐和鹿，实在不简单！”

这个故事，我们可以从很多角度来思考：

1. 王雱的取巧回答使他蒙混过关。如果你是客人，你会如何发问，使王雱无法取巧回答？

2. 王雱没见过獐和鹿，所以无法分辨两者，这是否意味着不管读多少书，仍无法填满知识的空缺呢？你认为应该如何弥补？

3. 如果王雱穿越到现代，你会如何帮助他解决问题？

奇妙语文图书馆·阅读与表达

辩论广场

夏令营风波

王大绩（北京市语文特级教师）/主审
郑利强/主编

小猛犸童书

步印语文

電子工業出版社
Publishing House of Electronics Industry
北京·BEIJING

目录

CONTENTS

第一章 • 夏令营风波

暑假里，芳芳从夏令营回来，就口口声声说她长大以后要做个雄辩家。原来在夏令营里，看了一场辩论比赛，激起了她对辩论活动的兴趣。

“妈妈，下学期的课后兴趣班我要参加辩论组。”

“芳芳，辩论像吵架一样，妈妈可不喜欢。”

“可是赵大伟说雄辩家可以帮助别人。所以，我想做个雄辩家。”

赵大伟是一个六年级的同学，在夏令营里，跟芳芳都在北极熊队。他在那场辩论比赛里，赢得了第一名，成为了芳芳心目中的偶像。

“你说说看，雄辩家要怎样帮助别人呢？”妈妈随口问芳芳。

“好比穷人要打官司，因为没有钱，请不到好的律师，所以有理也常常会输掉官司。这时雄辩家就可以帮他辩论！这不是帮助别人吗？”芳芳信心十足地回答。

“可是只有律师才能够替人出庭辩护，光是雄辩家可不行啊！你也想当律师吗？”

“不是啦！这是赵大伟说的。在辩论比赛中，他只问三个问题，张路德就答不上来了，实在好厉害！”

晚饭后，芳芳又对爸爸提起这件事情。

“赵大伟真的这么厉害，像个雄辩家吗？”爸爸好奇地问。

“爸，他真的厉害！在辩论‘是否应该使用参考书’的时候，张路德说阅读参考书以后，我们可以带到学校，向老师请教参考书上的问题。赵大伟就先问他课本上有没有练习题？老师有空的时候会不会补充练习题？张路德回答说老师常常忙得没时间。赵大伟又问他老师忙得没时间了，又怎么能替我们解答参考书上的难题呢？结果，他答不出来，气得满脸通红；下台后还恼羞成怒地骂赵大伟呢！真是没有风度。”

“我看赵大伟也有不对的地方。辩论并不是要使对方没话说，而是要在彼此的辩论中做好彻底的沟通，最后因为互相了解而达成共识才对。”爸爸说。

你赞成谁的说法呢？究竟什么是辩论呢？实际上，辩论是对某个问题有不同意见的人，彼此当面说明自己的观点和反驳对方的说法，使大家对那个问题更加了解，从而找出更好的解决方法。

辩论的活动，可以分为“真辩论”和“假辩论”两种。在法庭上、议会中的辩论，或者专家、学者的辩论，我们称之为“真辩论”，这种辩论会对个人或群体造成重大影响；而一般的辩论练习和辩论比赛，大部分是为了训练辩论技巧，或是为了达到宣传目的，我们称之为“假辩论”。

为什么要以辩论活动代替演说作为宣传方式呢？因为辩论的过程变化比演说大，又可以同时听到双方不同的声音，所以是一种很有效的口头传播方式。而假辩论可以帮助大家训练辩论的能力，让你知道如何应用技巧，赢得胜利。

善辩的晏（yàn）子

晏子是春秋战国时代齐国的大臣，是一位能言善辩的人。有一次，齐国的君主派晏子到楚国去了解楚国的国力。楚灵王知道鼎鼎有名的晏子要来，就想尽办法羞辱他。当晏子来到楚国准备通过城门时，迎接他的大臣指着城门旁一个小洞说："请从这里进去。"

晏子知道楚国君主存心要羞辱他，便很严肃地说："这是狗洞，不是城门。我是到人国来拜访，应该走人走的城门。如果楚国是狗国的话，那我只好从狗洞钻进去。"

不久，晏子来到楚灵王面前，楚灵王不客气地问："是不是齐国没有人才了，不然，怎么派一个这么矮的人到我们国家来？"

晏子马上回答说："我们齐国的使者是有优劣之分的。最好的使者派往有明君的国家；普通的派往平庸君主的国家；最没有能力的派往昏君的国家。我是最没有能力的，所以，被派到贵国来。"

原本楚灵王要使晏子难堪，没想到却自取其辱。由此可见，善于运用智慧和恰当的言辞来反驳对方的言论，不仅可以使自己的立场更加稳固，而且，言之有理，说得对方心服口服，有时还可获得尊敬呢！

一体两面

一个铜板有正反两面，同样，许多事物也有正反两面。猜猜看，下面这些问题指的是什么？然后想一想，还有哪些事物有完全不同的两面。

1. 什么东西是宽大的，也是狭窄的？
2. 什么东西是高的，也是短的？
3. 什么东西是粗的，也是细的？
4. 什么东西是甜的，也是苦的？
5. 什么东西是厚的，也是薄的？

参考答案：1.心胸；2.志气；3.心（粗心、细心）；4.感情；5.人情（厚此薄彼）。

活用练习

学校推广“塑料瓶回收”活动，如果你是这个活动的推广代表人，你会如何说服你的同学、家人来支持这项有意义的活动？现在动动脑筋，想一想，如果塑料瓶不回收，会有哪些坏处？回收的话，又有哪些用处？

塑料瓶不回收的坏处：（到处堆满了不易分解的塑料瓶，会制造许多垃圾；

____

____

______________________________）

塑料瓶回收的用处：（可以再利用塑料瓶做日常用品；

______________________________）

第二章 • 参加辩论的原则

辩论有三个必须遵守的原则：

一、不重要的题目不必辩

辩论的时候，双方为了说明自己的观点，反驳对方的说法，一定会不顾情面地提出辩驳，难免会引起双方的不愉快。因此，为了避免不必要的摩擦，不重要的辩论题目，就不要随便引发口舌之争了。而且，一场辩论的准备，需要花很多时间，动用很多的人力、物力，不是一件很容易的事情。如果为不重要的小事而辩论，实在是浪费精力。

二、对方不讲道理不可辩

在《伊索寓言》里，有一则《狼与小羊》的故事，那只想要吃小羊的野狼，怕别人说他以强欺弱，就找了很多理由，指责小羊该死；不过他讲的理由都不对，都被小羊驳倒了；最后，野狼露出狰狞的面目，还是把无辜的小羊撕成了碎片！从这一则寓言故事里，我们就可以想象得出：跟不讲道理的人辩论，并没有效果。

因此，我们要使辩论达到形成共识的目的，参与辩论的双方，必须在公平、公正、公开的情况下，才可以辩论；如果不是这样，一方仗势欺人，另一方居于劣势只好委屈求全，那么辩论的结果一定不会公正，辩论也就毫无价值了。

三、自己准备不足不能辩

辩论的题目很重要，辩论的对手也讲道理，整场辩论在公平的情况下顺利进行；可是如果自己的辩论技巧不如人，或是自己的资料准备不齐全，可能一辩下来就输了。这不但使自己的辩论目的落空，反而给了对方获胜的机会。所以，参加辩论活动以前，一定要有充分的准备。

然而，辩论的准备，要从哪里做起呢？

首先要针对辩论题目，仔细检查一下：自己的观点是不是正确、理由是否充足；辩论技巧会不会比对方差；资料找得够不够充足、完整；辩论问答的内容有没有仔细设计过？

那么，这些问题该怎样做，才算准备充足了呢？

一场辩论获胜的条件虽然很多，但是从自己准备的方面来说，大略可以分为 3 点：**论证坚固确实、辩论战术设计灵活、技巧熟练。**

1. 论证坚固确实——要使论证坚固确实，必须多读书，不只是辩论题目方面的知识一定要懂，还要有广博的常识。

2. 辩论战术设计灵活——要使辩论战术设计灵活，必须细心地设计，精确地估计出对方所要说的话，以及了解对方和听众的心理。

3. 技巧熟练——技巧熟练是要有流利生动的演说能力，高明的演讲术对于雄辩家非常重要，它可以加强论证和辩论问答设计的效果。

不讲道理的狼

有只狼在山泉的上游喝水，看见下游有一只小羊也在喝水。他觉得肚子饿，想要把小羊当作晚餐，但又怕别人说他以大欺小、以强欺弱。于是，他想到一个理由，他对着小羊大喊：“小鬼！你竟敢把我要喝的水弄浑……”

“狼先生，您别生气，我跟您隔了那么远，又是在下游，怎么可能弄浑您要喝的泉水呢？”小羊怯怯地说。

狼发现这个理由不成功，只好另外想个理由。

“哈！我可认出你了，一个月前，就是你到我的山上偷吃青草，你没话说了吧！”狼心里想：羊一定吃过青草，这理由绝对行得通。

“冤枉啊！我出生才半个月，那绝对不可能是我呀！”小羊十分委屈地说着。

狼又编出好几个理由，可是，无辜的小羊都不肯承认。最后，狼失去了耐心，露出凶狠的样子，一下扑了过去，把小羊吃掉了，并且自言自语地说：“就算你能驳倒我所有的理由，你还是我的晚餐！”

虽然野狼所说的理由都不对，最后小羊还是被吃掉了，可见跟不讲道理的对象辩论，是行不通的。

第三章 • 参加辩论的技巧

知道辩论的原则之后，当我们实际参加辩论时，应该怎样进行呢？下面一起来看看基本的辩论技巧。

一、怎样使立论清晰简明

辩论的基本条件，是要把自己的观点，清晰明确地说给大家听；那就要说得清清楚楚，大家才能够听得明明白白，留下鲜明而深刻的印象，从而赞成我们的观点。

为了使别人容易了解，说明的方法越简单越好。有人喜欢用比

较的方式，例如我的办法能够收到某个效果，而对方不能，所以我的办法比对方的办法好；对方的意见里，虽然有某个优点，但是我的观点也有，而且比对方的优点还多，所以我的观点还是比对方的有利。像这样把立论说得清晰简明，就能够赢得辩论比赛。

二、怎样使驳论明确简要

一场辩论里，一定要有立有驳，立是确立自己的观点，驳是反驳对方的论点。如果立而不驳，就不能使人知道对方的错误，从而无法达到辩论的目的。反驳对方的论点，必须驳得明确简要，才能够使人知道已经把对方的某一个论点驳倒了。

要使自己的驳论明确简要，必须先确实了解对方的意见，从对方的意见里找出错误的地方，再用最简明的方式，说明我们要反驳什么，然后以充分的道理一步一步反驳，这样大家才能够听得明白。

三、怎样使辩词证据充分

辩论有一项要求：说出的每一句话都要有根据，不可以随便乱说。如果没有充分的证据，就不能使自己的理由让大家信服，使自己的观点得到大家的支持。例如当律师在法庭上辩论时，双方都会以“根据 × × 法律第 × × 条，……”来加强自己的理由。

要使辩论证据充分，必须事先做好准备的工作，除了平时多读书，还要懂得找证据的方法。

第一种证据是书面证据。根据辩论题目，到图书馆里，根据图书分类卡找相关的书籍；如果不知道怎么找，可以请教图书馆的服务人员。找到要引用的资料以后，一定要抄下来或复印整理好，并且注明书名、作者、出版者、出版时间、页码等，要不然别人不相信，就白费力气了。

第二种证据是访问得来的资料。要访问对辩论题目有研究的专家学者，或是相关人员；如果选对了人，这便是很有价值的证据。

第三种是调查或实验。因为对方往往会对己方的调查或实验提出质疑，所以这种证据的效果不佳，除非能当场再做一遍实验或者有很得力的证人，否则不容易取得大家的信任。

四、怎样使推论合理

辩论的时候只有证据是不够的，必须用证据来证明自己的观点，或用来反驳对方的论点。要用证据证明自己的观点或反驳对方的论点，都要经过推论的过程，推论过程一定要合理，不然大家不会相信。

辩论最常使用的推论方法是因果关系。我们在辩论的时候，一定要认清事情的因果关系，不要看见两样东西先后出现或两件事情接连发生，就认定其中有因果关系，这也许只是巧合，并不一定能用“因为……所以……”连接起来。例如因为肚子饿了，所以要吃东西，这是正常的情况，两件事情之间有一定的因果关系。

我们可以从肚子饿了，推论出要吃东西，可是我们不能说因为肚子饿了，所以要吃面包。这两件事之间只是可能会发生的关系，因为肚子饿了不一定要吃面包，面包只是食物的一种。

五、怎样使结论驳立兼顾

一场辩论的末尾，按照惯例都有结论。结论的目的，是要使听众更清晰明确地知道双方观点的理由、了解双方辩法的优点和缺点。

做结论的时候，既要整理我们的论点，使听众清清楚楚地知道我们的观点，进而相信我们的话，照着我们的观点去做；也要针对对方的意见再次提出反驳，使听众知道对方的错误与缺点。如果只归纳自己的观点而提出总结，就是立而不驳，不能够使人认清对方的错误。如果只提出反驳，又像建在沙滩上的高楼，地基不稳而摇摇欲坠。所以结论的时候，一定要驳立兼顾，才能够赢得胜利。

经常有人先立后驳，也经常有人先驳后立，这两种方法常常因为时间不够而不能兼顾，所以最好是采用连驳带立的方法：一面反驳对方的意见，一面说明自己的观点。当驳斥对方错误的时候，正好用自己的观点，来代替对方错误的方案，最容易取信于听众，是很有效率的辩论方法。

六、怎样使队友协调互补

参加辩论往往是一个小组而不是一个人；小组成员必须互相协调、互补缺陷，不能像演讲一样单枪匹马去冲锋陷阵。因为辩论队的强弱，不只看队员的能力，更要看队员间能不能密切合作。

要使队友之间能够协调互补，平时就要培养感情，例如平时就要常常在一起讨论功课或游戏，等到要准备辩论的时候，更要聚在一起共同研讨论点，以及搜集讨论资料、设计辩论战术、练习对答等。相聚研讨练习可以培养队友之间的默契，到了辩论时，彼此就很容易因了解对方而知道如何协调互补了。

七、辩驳要怎样掌握心理

在一场辩论活动里，并不是把话说出来、说得精彩动人就够了，还必须使对方心服口服，也使评判员与听众完全接受，这场辩论才能算得上成功。这就必须掌握对方及听众，尤其是评判员的心理。

要怎样掌握对方、听众及评

判员的心理呢？当一个人受到尊重的时候，比较能够心平气和地修正，甚至放弃自己的偏见。因此，驳斥对方意见时，首先要对他的人格表示尊重，先给他适度地赞美、肯定，对于双方相同的地方，先说出来以取得对方的认同而减低敌意，如此才容易通过辩论达到沟通的目的。

其次，辩驳应该对事不对人，绝不能做人身攻击甚至任意谩骂。这样可以维持良好的辩论风度，不但能赢得光彩，即使辩输了，也不会颜面尽失。

至于怎样猜测对方的心理，倒是人人都很容易做：只要将心比心，设身处地地站在对方的立场想一想，总能预知对方会有什么反应而掌握全局。

八、怎样使答辩忠实机警

答辩要怎样才是忠实呢？首先绝对不可以否认自己说过的话；其次不可故意曲解对方的言辞；第三不能够做不实在的报告。说话以前先仔细考虑，话说出口就不能后悔。对方说的话，如果听不懂，可以客客气气地请教对方，请对方解释清楚，不能以为自己的想法就是对方的想法，更不可以把对方的话故意做错误的解释。辩论中的每一句话都要有根据，没有经过仔细求证以前，别人的传说不可完全信以为真，也不可以随意乱说，更不可以捏造证据欺骗大家。

至于要使答辩机警，必须保持冷静的头脑，不可慌张，也不必害怕。对于对方提出的质问，很快地找出对方要这么问的原因，才能给对方最明确的答案；对于对方提出的反驳，一定要仔细研究对方驳论的出发点、过程和所根据的理论，然后才能够做最合理的答复。如此一来，就能够做出机警的答辩了。

辩论比赛的程序

一场正式的辩论比赛，正反两方的成员各包括：主辩一人，助辩二至三人，结辩一人。

比赛进行的程序是：由正方主辩先说，再轮到反方主辩说，然后依次是正方一辩、反方一辩、正方二辩、反方二辩、正方结辩、反方结辩。

每一位发言的时间是三至五分钟，发言时间不足或超过时间的人，都会被扣分。

长生不老

从前有一个老国王，有一天他得到了一罐神奇的“活命水”。

“只要国王喝下这罐‘活命水’，就能长生不老。”进贡的人这样告诉国王。

老国王有点儿心动，却又有点儿犹豫。因此，他决定多问问别人的意见，他找来了一位将领、一位富商和一位老百姓，分别问他们：“你们认为我喝了这‘活命水’会幸福吗？”

将领抢先回答说：“会的，您长生不老，就可以有充裕的时间去占领土地。”

富商接着说：“是的，您长生不老，就可以累积很多很多财富。”

最后，老百姓说：“如果您长生不老，您的妻儿、亲人和朋友却陆续老死而离开您，只有您一人留在世上，您会幸福吗？”

你猜老国王会不会喝下“活命水”呢？

这个故事是要告诉大家，思考一件事情，要从正面想想它的好处，也要从反面想想它的坏处，这样的思考才能周全。

温故知新

在一场辩论中，有一段精彩的结辩，内容是这样的：

反方的结辩：“对方的理由，乍听之下好像很充分，实际上并不是这样。像我们这样的年龄，不但喜欢模仿，而且感情容易冲动，理解力和修养都不够。看内容不健康的电影，很容易受到影响。远不如弹琴、下棋、打球、阅读课外读物等活动，对我们有益处。何况公共场所容易传染疾病。所以，我方观点是小学生不要看内容不健康的电影。”

这段结辩先针对对方结辩的论点——不管电影内容如何，都能帮助小学生分辨好坏是非，加以反驳，认为小学生还没有足够的能力去避免不好的影响；接着再提出可以用别的休闲活动来取代看电影，以反驳对方主辩的论点——看电影是最好的娱乐活动；最后提出公共场所容易传染疾病，不适合常去。像这样子的内容就是一种驳立兼顾的结辩。

“阴沟里去”的辩论

你学过英语吗？用英语来念“英语”这个词，是不是很像“阴沟里去”？现在，我们以“小学低年级应该不应该开设英语课程”为辩论题，看看大家会怎样准备：

1. 召集人员：包括辩论领队、队员，也可聘请指导老师。

2. 共同分析辩题：题目中的“小学低年级”是指全国公立、私立小学的一年级和二年级；“应该开设”指单独设立一个科目教学，但不是限定从哪一年级开始，可以是一年级或二年级；“开设英语课程”是必须编印正式的英语课本，并排在正常的上课时间教英语。像这样分析辩题以后，就可以确定辩论的方向了。

3. 提出正、反理由：把双方可能提出的理由，一一列在纸上，一起讨论，然后分别到图书馆查资料。

4. 确立论点：全队成员根据搜集到的资料，加以讨论，并修正补充原本列出的理由。接着比较双方论点的强弱，标明记号，然后就可以确立论点，再依每个人的专长分配职务，分别去找更翔实的资料证明或反驳自己分配到的论点，并定期开会讨论。

5. 撰写辩词：要上台的辩论员必须根据分配的论点撰写辩论稿，在开会时念给大家听；听到有不妥当的地方，大家一起研究、修正，使辩论稿更完善，而且增加彼此的了解和默契。

接下来，就是每个人记熟辩词，以及彼此对答练习质询。

❓活用练习

学校举办辩论比赛，题目是“小学应该不应该废除早自习”。如果你准备参加，请试着把赞成的理由和反对的理由各写出三个来。

应该废除的理由：

1. 没有早自习，不用一大早就到学校来，可以有充足的时间在家吃早餐。

2. (______________________________)

3. (______________________________)

不应该废除的理由：

1. 有早自习，可复习功课，对学习有帮助。

2. (______________________________)

3. (______________________________)

第四章 · 辩论战术的设计

打球不但要有球技，而且还讲究战术，例如踢足球，有时放弃自己射门，传球给队友，反而能使球队得分，这就是战术。辩论也一样，除了技巧，还要有战术，辩论战术的千变万化，常常使初学的人眼花缭乱。下面分别列举几种比较容易、常用的辩论战术：

战术一：区域战法

这是各人缩小范围而深入研究辩论资料的战术，最适合初学的人使用。

当分配论点的时候，要按照每个队员的专长或特性来分工；进行辩论时，每个人就可以在负责的范围内尽情发挥。如此，每个队员能够专心某一部分而整体防守又很严密，使得对方攻不进来。只要整体设计妥当，用这种战术可以轻轻松松地赢得比赛。

战术二：巴蛇吞象

辩论的时候，在对方论点里，常常会有不容抹煞的优点，而且对我们威胁很大。这时候，我们就可以用“巴蛇吞象术”，把对方的这个论点包容在自己的论点里。

巴蛇吞象术的使用，必须调整自己的论点，使对方的优点，成为双方所共有的。至于怎样调整，需要依辩论内容来决定，例如辩论“小学生应该常看电视”，正方观点是常看电视可以增加知识。这时候反方就说：“我们反对常看电视，并不是反对看电视。从电视中得到许多知识，我方也不反对，只是我们的观点是看电视要有节制，不应该常常看电视而影响了功课。”这样一来，正方所说的优点，变成两边都有了，反方就不必怕正方“看电视可以增加知识”的论点了。

战术三：画龙点睛

平时辩论的时候，都希望把最强有力的论点，放在最前面；但是，有些论点虽然有力，却不够坚强，本身有着不能避免的缺点，太早提出反而会遭受许多攻击。如果把这种论点放在最后的时机提出，让对方没有机会攻击，从而创造绝对优势，就是“画龙点睛”的战术。

举个例子，曾经在辩论“应该不应该废除老年人公共交通优待票”的议题时，认为应该废除老年人公共交通优待票的正方，有一个论点是提出改发交通补助，但是交通补助如果采用统一的标准并不公平；若采用按照距离远近发放，又怕有人投机而虚报住址。

两种方法都有缺陷，太早提出一定会遭受对方的攻击，所以留到正方三辩才提出“根据距离远近，发放补助”的办法，而且还加上了前一项的巴蛇吞象术说：“如果对方能提出合理有效能取代公共交通优待票的方法，我方也愿意考虑；不过，老年人搭乘公共交通的优待票是非废除不可的。”这样把巴蛇吞象术与画龙点睛合并使用，就避免攻击而且显得很有力量了。

战术四：声东击西

当双方辩论要反驳对方的时候，不要一开始就说出所要驳斥的地方，先说些不重要的问题，分散对方的注意力，再出其不意地提出反驳，这就是“声东击西”。因为这种方法要和后面的“瓮中捉鳖”同时使用，才显出它的威力，所以在后面再举实例。

战术五：瓮中捉鳖

这种辩论的方法，又叫作“口袋战”。事先设计好陷阱，运用诱饵，诱引对方掉入陷阱之中；或者事先设计口袋，逼迫对方掉入口袋里面，然后就容易把他驳倒了。

有一次，辩论题目为“学生犯规应该不应该被退学”，正方运用了瓮中捉鳖法，情形是这样的：

正方质询（以下简称正）：对方辩友，我首先想请教你几个比较轻松一点儿的问题。

反方回答（以下简称反）：好的。

正：首先，我想请问你，你穿鞋子吧?

反：（把脚举高给大家看，皮鞋很破很旧了）当然穿了。

正：是的，那我想请问你一下，鞋子如果没有了光泽，你会上油吗?

反：这要看我今天去不去重要的场合，如果不去，我不上油。

正：按照常理讲，你是会上油的。

反：不一定。

正：不一定，好的。（正方无可奈何地承认反方的说法。）我再请问你一下，那么鞋子破了，你会拿去补吗?

反：说不定重买一双。

正：说不定重买一双。

各位！各位！鞋子破了，他就丢掉。但是，我们今天在这儿提出退学，并没有一开始就要学生退学！我们同样赞成记过、矫正，可是我们认为：在屡教不改、没有办法达到效果的时候，这位学生是要被退学的。

在这个例子里，正方最先问的是穿鞋子了没有，接着问鞋子要不要上油，这些都不是询问的重点，只是声东击西，假装攻击；后来问到补鞋子，才是用来驳斥对方的主要问题，正方采用“你会拿去补吗？”的问句，把对方逼入“说不定重买一双”的陷阱。这个例子，就是先用声东击西法，再用瓮中捉鳖法，迫使对方不得不掉入自己设计好的陷阱之中。

战术六：狸猫戏鼠

在辩论的时候，人一旦发现错误常常会自己修正；但是如果自己一而再、再而三地犯错，就不好意思修正了。“狸猫戏鼠”的方法就是利用这种心理，故意让对方把他错误的话再说一遍，而无法修正。这就像猫捉到老鼠以后，不立刻吃它，而是故意放开它，让老鼠逃跑几步以后再捉住它。

例如辩题是“啾啾市区内应该不应该禁行摩托车”，其中有一段正方使用了“狸猫戏鼠法”：

反方申论：……以目前的情况来说，啾啾市大部分的市民，都以摩托车为谋生的工具。市区内禁行摩托车以后，他们不是没办法谋生了吗?

正方质询：对方辩友，我听你刚才说：“所有啾啾市的市民，都以摩托车为谋生的工具”，是吗?

反方回答：没有啊！我只是说大部分。

正：对不起，是我听错了；那么我请问你，现在啾啾市有多少人口?

反：这个问题（迟疑了一下）我不知道，请你告诉我。

正：好的！根据我方的资料，大约有270万人，对不对?

反：是吧！

正：那么啾啾市有多少辆摩托车呢？

反：我也不知道。

正：根据我方的资料，大约有 97 万辆，对吗？

反：好吧！

正：那么，请问你 270 万减 97 万等于多少？

反：这是因为……

正：我是请教你，270 万减 97 万等于多少？

反：173 万。

正：还有 173 万人没有摩托车，那么怎么能说大部分呢？

在这段辩论里，正方如果直接问："啾啾市有 270 万人，却只有 97 万辆摩托车，怎么会是大部分人以摩托车为谋生的工具呢？"反方一旦发现了自己的语病，很可能会解释说："我的意思是有很多人。"如果反方这样解释，正方也不能说不对，就无法再追问下去，反而被反方逃避掉了。

战术七：借刀杀人

辩论的时候，如果拿对方所提出的资料或证据，来驳倒对方的意见，就像借用对方的刀子，来杀害对方一样，所以叫作"借刀杀人"。

例如在学校里，校长把班长叫到校长室来，对班长说："你们班上的同学太不认真学数学了。刚才我走过你们的教室，看见上数学课时，有人打瞌睡，还有人传纸条，上课根本不专心。你们这样不用功，数学成绩当然不会好。回去告诉同学，再不用功，我要重重地罚你们了。"班长却反过来请校长替他们换数学老师，他说："请校长来看看我们上语文课的样子吧，看是不是像数学课那样有人睡觉、有人传纸条？实在是因为老师的教学方法不好，使人无法用功，请校长替我们换一位新的数学老师吧！"这个班长就是用了"借刀杀人法"。

当校长要指责学生不用心上数学课的时候，举了很充分的证据。没想到班长竟用这些证据来证明是数学老师教的不好，还请校长替他们换老师。他为什么能这样说呢？要领就在加上语文课的事实，使校长本来用以指责学生不用功的证据，都变成班长证明数学老师教不好的证据了。

战术八：知难而退

当我们和人辩论的时候，虽然我们的观点不错，但对方的意见也有值得参考的地方；彼此经过公平、公正、公开的辩论以后，做了最彻底的沟通，希望能产生新的共同想法。要使辩论达成这种目的，那么辩论不但要能包容不同的意见，更必须有知难而退的心理准备。

“知难而退”就是承认对方正确的、可行的意见，修正自己错误的观点。这种方法对于我们自己的防卫也很重要，是辩论时对付对方驳论的好方法，更是使辩论得到圆满结果的重要修养。例如，辩论的题目是“垃圾处理应该不应该采用焚烧法”，反方观点是应该采用掩埋法。正方的观点对于有些燃烧会产生有毒废气的、不能燃烧的垃圾，实在不合适，而掩埋法对不会腐烂的、掩埋以后会产生二次污染的垃圾，也不恰当。双方经过辩论的彻底沟通后，形成了“可燃垃圾用焚烧法，不可燃垃圾用掩埋法，有用资源应该回收”的垃圾分类处理法，这就是双方都承认对方的正确论点，而退守第二道防线，保留部分自己观点的知难而退法。

活用练习

你希望每个月妈妈给你固定的零用钱吗？如果有人提出：“小孩子不懂得怎样用钱，拿了钱会乱花，所以不应该每个月给零用钱。”请你运用下面三种战术来反驳。

1. 借刀杀人：大多数小孩子不懂怎样用钱，所以才应该每个月给他们零用钱，让他们练习钱的使用。

2. 声东击西、瓮中捉鳖：

3. 画龙点睛：

辩论规则

辩论比赛时，常可以看到正、反方展开精彩的辩论，一番舌剑唇枪下来，就可知谁胜谁负。在比赛时，有一些规则需要遵守，不然犯规了，是要扣分数的。

1. 辩论发言时，要把握时间。发言时间不足或超过三十秒的人，每十五秒扣一分。

2. 辩论时，不能直接叫对方的姓名，应该称呼对方为“正方一辩”“正方二辩”“反方一辩” “反方二辩” 等。

3. 主辩发言时，只能说出理论或事实，不能提出问题，也不能回答问题。

4. 结辩时，不可提出新的论点。

5. 不可以做人身攻击。

团体锦标赛

正式的辩论比赛，有一套评分标准，了解评分项目后，再好好准备，上台时充分发挥，想拿团体锦标赛的第一名就不是难事了。

辩论比赛的评分，是以个人成绩为基准，每人满分是100分，累加的分数即团体总成绩。评分项目包括立论(占30分)、辩才(占30分)、风度(占30分)和时间控制(占10分)。

“立论”包括演辩内容、推绎（yì）能力、归纳能力和分析能力；“辩才”包括组织能力、事实举证、反驳能力、机智反应和口齿语调；“风度”指礼貌和台风。

只要掌握这些要素，就可以稳操胜券了。

辩论小技巧

辩论时，要注意听对方发言的内容，找出破绽，加以攻击；让对方回答的部分，尽量用“对或不对”“是或不是”的问题方式，而不是用“你认为呢？”这种方式。记住这个小技巧，会让你出奇制胜。

异想天开

水可以灭火，水是火的克星；杀虫剂可以杀蚊蝇，杀虫剂是蚊蝇的克星。一物克一物的情形经常出现在我们的生活中，请你仔细找一找、想一想，并写下来，谁是谁的克星。写的愈多愈好哦！（提示：从文具、日常用品、衣、食、住、行、健康、动物、人际关系等各方面去想。）

参考答案：橡皮擦是错别字的克星、洗洁精是污垢的克星，猫是老鼠的克星、自私是友谊的克星……

高矮一样好

你在班上是坐在第几排第几个位子呢？你的身高和同学比起来，是高还是矮？想一想，高个子和矮个子分别有什么好处和坏处？

万事通先生

英国有名的剧作家萧伯纳有一次参加聚会，邻座的一位男士抓住机会，一直向萧伯纳吹嘘自己是无所不知的“万事通”。当这位男士滔滔不绝、大肆吹牛的时候，萧伯纳打断他，幽默地说：“我看这个世界上只要有我们两个人就可以知道一切了，因为你什么都懂，就是不懂自己多么令人讨厌，而我刚好懂得这一点。”

一个人如果没有自知之明，也不去了解别人的观点，是不是很容易变成“万人嫌”呢？

参考答案：好处：走散时，高个子比较容易被发现，矮个子比较不容易撞到街上招牌。
坏处：高个子的衣服比较浪费布料，矮个子够不到高处的东西……

机智的孔融

孔融是汉代很有名的学者，他在小时候就十分聪明伶俐。

十岁那年，孔融随父亲到了洛阳，想去拜访他仰慕的清官李膺（yīng）。可是，有名望的李膺不肯轻易接待客人，规定必须是当时的有名人士或者世交，否则一概不接见。

孔融知道规定后，就到李府去了，并且理直气壮地对守大门的人说："我是李老爷世交的儿子，今天特意前来拜访他。"

守门人报告后，李膺便请孔融到家中，见了面却不认得，就问："你的祖父、父亲与我是朋友吗？我怎么想不起你是谁？"

孔融不慌不忙地回答："我的祖先孔子，与您的祖先李耳是师生关系。在周朝时，孔子还向李老先生请教过《周礼》，所以，我们可是几十代的世交了。"

李膺听了以后，笑说："你说得对极了。"

辩论时，我们可以注意对方所说的话，将计就计，利用原来的话来驳倒对方的意见，这是一种战术的应用。

奇妙语文图书馆·阅读与表达

阅读需要动脑筋

竹篮打水

王大绩（北京市语文特级教师）/主审
郑利强/主编

電子工業出版社
Publishing House of Electronics Industry
北京·BEIJING

目录

CONTENTS

第一章 • 竹篮打水

宋朝有个读书人，名叫陈正。为了成为一个大学问家，他收集了一屋子书。他每天看三四本，自信一两年就能把这些书看完，然后成为一个大学问家。

起初，他看书的速度很快，也的确看了不少书。可是，过了几天，他就越看越糊涂，对书中的道理充满疑惑。他常发现两本书的观点相互矛盾，不知谁对谁错，苦恼极了。

有一天，陈正遇到大学者朱熹，就向他请教。朱熹问明他的读书情形后，把他带到井边，给了他一个竹篮。

朱熹叫他用竹篮打井水，他半信半疑地照着朱熹的话去做。结果，他把竹篮从井里提起得越快，竹篮里的水就流失得越快。

朱熹对陈正说：“你读书的时候，就像用这个竹篮打水，只贪多求快，不动脑思考，结果什么都留不下来，这是读书人最大的毛病。要改掉这个毛病，最好每次只读50个字，连续读好几遍；每遍读的时候，都反复思考其中的道理，直到融会贯通。”

陈正遵照朱熹的指示读书，果然收获很大，终于成为一个大学者。

tips

有个人说：“吃点儿梨，对人的牙齿有好处，但是吃多了，会伤脾；枣呢，正好与之相反，虽健脾，但吃多了对牙齿有害。”

一个人听了，想了想，说：“吃梨时只嚼不咽，还会伤脾吗？吃枣时，不嚼，一口吞下去，这不就可以保护牙齿了吗？”

如果按他说的，整个枣连核吞下去，难以消化，哪还谈得上健脾呢？学习也是这样，囫囵吞枣，就学不到真正的知识。

周围在场的人都笑了。

连连出错

有一天，县衙里来了3个人，闹着要打官司。县太爷快速浏览了状纸，叫道：“都上来！”3个人立刻拥到县太爷面前。县太爷很生气，大喝一声：“下去！”3个人又立刻退下去。县太爷大怒，骂道：“叫你们的名字，你们为什么不应？”3个人委屈地说：“没听见大人叫我们啊！”

县太爷很纳闷，便低头仔细看状纸。原来他看得太快，竟把名字看错了：“都上乘”看成“都上来”，“卞克”看成“下去”。县官心想：“幸好先问了一下，不然可要把‘戎约斧’看成‘我的爹’了！”

第二章 • 看！停！想！

你看书的时候会不会犯和陈正一样的毛病呢？相信有的同学看书时，只注意图画美不美丽；有的则急着看故事发展，忽略了许多细节。这样只是一味求快，在看书的过程中没有思考，即使看了很多书，也只是走马观花，粗略浏览，受益不大，就像用竹篮子打水，装得快，漏得也快。

想要真正从书中受益，就要采取朱熹告诫陈正的方法："看一阵，停一下，想一想。""看！停！想！"正是"开卷有益"的三字诀。

拿到一本书后，可以先看看书名、内容提要、作者介绍、目录等，并考虑几个问题：它适不适合我读？内容会不会太深？能不能引起我的兴趣？决定阅读它后，可以先预想内容，在读完一段或一节后，停下来想一想它和你原先的预想是否一样，接下来又会有什么样的发展。在整个阅读过程中，时时提出问题，自问自答，检查自己记忆和理解的程度。

孔子曾说：“学而不思则罔（wǎng）。”看书如果不思考，就会迷惘；看书要想获益，就必须深入研究书的内容。动动脑筋，琢磨作者要表达的思想是什么，回忆一下人物有哪些，时空背景是何时、何地；或是预想故事会如何发展，结局会如何；甚至假设与原来不同的情况，想想情节会发生什么变化；也可以讨论人物、情节安排得合不合理。这样一来，读书就会有许多乐趣。当然，如果能将书中的佳句美词吟咏诵记起来，那就更好了。

好文章都有精义，它就像深藏在地下的矿物，读者如果不一铲子一铲子地挖掘，它是不会自动露出来给人利用的。下面我们就来具体探讨，阅读时要“想”些什么，以及该怎样“想”才能掌握每篇文章的精义。

活用练习

我们往往能根据书名猜测书的内容，例如：

《丑小鸭》：一只受尽嘲弄的小鸭子蜕变成美丽天鹅的故事。

《鲁滨孙漂流记》：鲁滨孙遭遇海难，死里逃生后漂流到一个荒岛，继续求生的故事。

请你开动脑筋，根据下列书名猜测书的内容：

1.《草原上的 3 只狐狸》

2.《老牛车》

3.《21 世纪大灾难》

4.《异星之旅》

你心目中的书

宋朝有一位皇帝曾说过，“书中自有千钟粟”“书中自有黄金屋”，意思是读书有很多好处，书里好像有许多谷粮，有黄金打造的房屋。你认为书里有些什么呢？请说说看，说得越多越好。

参考答案：书中有多种方法和技巧；书中有镜子，通过读书，可以对照自己……

tips

老舍是我国著名的作家、语言大师，是新中国第一位获得“人民艺术家”称号的作家。他的语言俗白精致，雅俗共赏，深受广大读者喜爱。他的文学成就和他的“结合法”读书法关联甚密。

老舍曾说：“读了一本文艺作品，或同一作家的几本作品，最好找些有关这些作品的研究、评论等著述来读，也应读一读这个作家的传记。”

把作品、作家传记、文艺评论结合起来读，这就是老舍特有的读书法——“结合法”。这还源于老舍年轻时的一段经历。

老舍年轻时很喜欢读英国著名小说家狄更斯的作品，但模仿狄更斯写作却不得“窍门”，后来读了他的两三本代表作，又去读他的传记和几篇新近发表的对他的评论，才逐渐领会要领，对狄更斯的作品有了更深层次的认识。

老舍后来曾说：“假若我们选读了他的两三本代表作，又去读一本或两本他的传记，又去读几篇近年发表的对他的评论，我们对于他一定会得到些正确的了解，从而取精去粗地吸取营养。这样，我们的学习便比较深入、细致，逐渐丰富我们的文学修养。这当然需要时间，可是细嚼慢咽总比囫囵吞枣强得多。”

第三章 • 把握主题，读得轻松

你是不是会在看完一书后满头雾水，如果有人问起书的内容，你常常一脸茫然，答不出来？这是因为你可能被旁枝末节的细节或描述吸引，没有把握住主题。看完书后，应该仔细品味书中的含义，也就是要把握全文的主题。

日本童话作家椋（liáng）鸠十花了约一年半的时间，写了《生于天空》这本书。书中描写了一对丧失双亲的雏鹰，自行冒险求生，后来被擒养，与人类十分亲近，最后却挣扎着离开人类，回归自然，追求自由的故事。

看完这本书后，如果你的脑海里比较混乱，只记得一些精彩的描写，无法把握整个故事的来龙去脉以及作者要传达的主旨，那么你可将故事分成几个部分，并逐步加以整理。例如，可将雏鹰的经历分成三个阶段：

第一阶段，被捕前。雏鹰丧失双亲后，为求生存而奋斗，如和黄颔（hàn）蛇搏斗、智猎松鸦、追捕野兔、奋战狐狸、与大鹰争巢、与猎人斗智等。这些内容都是要表达雏鹰自己生活得很辛苦。经过一次次的波折，后来雏鹰被猎人捉去了。

第二阶段，被猎人捕获。雏鹰被捕后，起初拒绝吃猎人喂食的兔肉；后来慢慢肯与人亲近，安于被喂食。

故事发展到这里，雏鹰的生活已经呈现巨大的转变；但是要注意最后更为强烈的转变，它是整个故事的高潮。

第三阶段，重获自由。雏鹰终于挣脱樊笼，飞回天空。鹰到底是鹰，不同于其他鸟类，它要有辽阔的天空，可以自由翱翔，才能展现强大的生命力。被猎人喂养，不必忧虑饥饿；而自由地在天空翱翔，有时却得忍受饥饿或与敌人搏斗。两者比较，后者更具有生存意义。

这个故事蕴含深刻的哲理。经过分析整理，就能把握它的主题，这样读起来不仅不会感到混乱，还能得到其中的启示。

那么，怎样才能将文章适当地分为几个部分呢？常用的方法有以下几种。

一、归纳法

先就文章本身的段落加以理解，然后把意思密切关联的段落归在一起。

二、按事情的发展顺序

将事情的起因、经过、结果，有秩序地由先而后排列。

三、按时间顺序

有些事情有明显的时间背景，如早晨、中午、晚上，幼年、童年、青少年、青年、老年等。

四、按空间变化

参观、访问、游记等文章中，常会有空间的变化，可依此来划分。

划分为几大部分，整篇文章的大意就能一目了然，文章的主题也就呼之欲出了。

tips

文中还会有一些关键的句子，可以帮助我们把握文章的主旨。

首先，是文中的抒情句与议论句。我们可以根据这种关键句探明作者的感情倾向，把握作者的观点。

其次，开头的总起句，结尾的总结句，每小节的起始句，文中的一些过渡句等。这些句子是帮助我们理解主旨的钥匙，要好好把握。

我昨天看了一本很棒的书，书名是×××。
作者是谁?
作者?
没注意。
内容都讲了什么?
我也不记得了。
那你都看了什么啊?！

活用练习

你认为下面哪幅图最能表现《生于天空》的主题？

1.

2.

3.

你也可以选一个自己熟悉的故事，画一幅最能表现主题的图画。

头尾见真意

把握文章主题，除了用分部分整理的方法，还可以采用下面两种简便的方法。

1. 从文章的题目思考。有些文章的题目本身就点明了主题，例如以《为人类谋幸福》及《不要怕流汗》为题的文章，一看到题目，就可以清楚地知道主题。

2. 从文章的开头或结尾思考。有些作者会在文章的开头或结尾点明主题。例如以《不要怕流汗》为题的文章，结尾可以这样写：

“现在我明白了，要享受美好的生活，就不要怕流汗。”

又如，以《合作》为题的文章可以这样开头：

“一个人的力量小，只能做很小的事情。许多人的力量大，可以做很大的事情。”

第四章 • 将心比心

阅读时，除了把握主题，了解作者要传达的主旨，还要用“心”体会作者要表达的情感，用“心”感受文章里人物的心情。

下面以安徒生的童话《卖火柴的小女孩》为例进行讲解。

这篇童话的大意是什么？在思考这个问题时，可先分析人、时、地、物、事、因等六条线索，即回想故事的主角、配角是谁——人，故事发生在什么年代——时，什么地方——地，什么东西是故事的关键——物，事情如何演变——事，演变的原因是什么——因。以这六条线索思考，就可把握故事大意。

接下来，就要用“心”去感受人物的心情。

如果你是那个可怜的女孩，你连续点燃火柴，在微弱的火光下，你会有什么幻想？

要回答这个问题，你必须设身处地，假想自己是卖火柴的小女孩。没有疼爱你的亲人，没有温暖的家，在温馨的圣诞节里，自己又冷又饿地留在街头。这时候，你点燃火柴，会想到什么？

经过这样将心比心的过程，就不难理解故事中的女孩为什么会幻想到圣诞大餐、美丽的圣诞树，以及疼爱她的奶奶。

然后，我们可以想一想，作者为什么这样写？这也要用“心”去揣摩作者的想法和情感。或许是作者同情孤苦的人，又觉得现实社会往往不能帮助他们，因此故事中的小女孩一直没法解决问题。最后小女孩死了，更让人感到悲哀。

像这样用心阅读，可以让我们更深入地理解文章的内涵，内心也会变得更加丰富。

流浪狗的心声

这里有一只流浪街头的小狗，请你用一句话帮它表达心声。

参考答案：1.我什么都不怕，只怕捕狗队。

2.好希望有人能抱抱我……

把感情读出来

有些文章充满感情与生命力，阅读时如果将文章的内容念出来，更能产生共鸣。例如，“柔柔的风”给人的感受是轻柔柔的；“淡淡的云”给人的感受是缓和、悠闲的；“淙淙流水”令人觉得轻松愉悦；“丝丝细雨”令人觉得清新舒畅。感受到这些字句蕴含的情意后，你读出来的文章便能触动人心。

接下来，请以《春天来了》这篇文章为例，先用心去感受每个字句的情意，然后，再富有感情地朗读，把心中的感受表现出来。

春天来了

柔柔的风，淡淡的云。
枝头吐新芽，鸟声满树林。
快乐的春天，已经来临。
淙淙流水，丝丝细雨，
遍地野草绿，满山桃花红。
美丽的春天，来到了林中。
青青的山，绿绿的水。
田里插新秧，白鹭低低飞。
可爱的春天，景色真美。
放放风筝，唱唱山歌，
换上薄衣裳，池边看白鹅。
春天里的孩子，多么快乐！

tips

体会文章的思想感情，是语文各方面能力的综合运用。在体会时，可以从文章的题目、关键句、开头结尾等出发。

文章的题目是文章的眼睛，如《伟大的友谊》《董存瑞舍身炸碉堡》，抓住其中的“伟大”“舍身”两个词，就可以明确文章是要歌颂他们。

人的行动是受思想支配的，因此，也可以透过人物的行动体会人物的内心活动。

《我的战友邱少云》一文中，邱少云在烈火烧身这种常人难以忍受、难以想象的痛苦中是怎样表现的呢？“没挪动一寸地方”“没发出一声呻吟”，烈火烧身半个多小时仍“像千斤巨石一般”。通过这种描写，就不难体会出邱少云当时的内心活动：宁愿牺牲自己，也要纹丝不动，保证这次战斗的胜利。

我们在读书时，要一边读，一边想，不断给自己提出问题，再不断思考、解决。

一旦形成了探索文章思想感情的良好技能，那么读书就会变成一种乐趣和享受。

第五章 • 加入自己的思考和判断

有一篇名为《幻想世界》的童话，描述了一个小男孩因为误喝奇异的药水而飞上天空，连带使全城的人都飞了起来的有趣故事。这个故事呈现了一个充满欢笑的世界，故事中的人全都置身于蓝天白云之中。除了把握故事的大意，请你再思考下列几个问题，这会使你对全文有更深刻的体会。

1. 你喜欢这篇童话的结局吗？如果让你从“他们飞上天”以后重新编一段故事，你会怎么编？

这个问题需要运用想象力，想一想情节可能怎样发展。你可以运用不同的写法写几种不同的结局，然后比较一下，看看哪一种比较好。这样更能看出各种写法的优缺点，进而培养出判断文章优劣的能力。

除了情节的发展，对于每一段故事的描写也可以仔细想一想，比较一下。例如，人们在天上是怎样的情景呢？怎么描写这些细节，才会使故事更生动呢？

2. 故事里的人没有经过发明奇异药水的贾博士的同意，就偷喝药水飞上天，你对此有什么看法吗？

3. 这篇童话主要想说明什么？

后两个问题是要提醒大家，不能一味接受文章的内容，而应该提升自己的判断力，试着去分辨哪些行为是不好的，哪些观念有偏差，然后找出作者真正要表达的主题。

同样的，许多我们熟悉的故事，都可以用批判的眼光，重新思考故事的内容。例如《杰克与魔豆》这个故事：

家境贫穷的杰克用牛换来神奇的豌豆，在夜里沿着耸入云端的豆茎爬上天空，偷偷闯进巨人家里，趁巨人熟睡时偷走他的宝物。三番两次之后，终于被巨人发现，经过一番惊险的追逐，杰克在巨人太太的援助下逃离巨人的家，沿着豆茎滑回地面，最后砍断豆茎，巨人从天上摔落死掉。妈妈看见杰克安全回来，还带着那么多宝物，开心地把他搂在怀里。

这个故事充满惊奇与幻想，主要体现了杰克的勇敢与机智。但是，如果我们从另一个角度来思考呢？杰克是不是一个偷窃者呢？杰克的母亲是不是一个见钱眼开的人呢？

读者与作者是平等的，在阅读时，我们应该对文本进行深层次的思考，积极地与作者互动，站在不同的角度看问题，这样不仅我们的观点会更加客观，思维也会更加开放。

天上的运动会

如果所有东西都能在天上飘浮，我们来办一场天上的运动会，会发生什么有趣的事呢？

（提示：想想天上有哪些特有的事物，想象没有地面会怎样。）

参考答案：打棒球时，可以躲在云朵里；赛跑像在太空漫步……

活用练习

当！当！当！当……午夜12点到了！糟糕，一切即将恢复原状。灰姑娘急急忙忙地告别了王子，一路奔下楼梯，朝马车冲去。匆忙中，灰姑娘竟掉下一只水晶鞋。痴情的王子凭着这只水晶鞋挨家挨户寻找，终于找到了心上人。两个人从此过上了幸福的生活。

水晶鞋使王子和灰姑娘这对有情人终成眷属，可是故事中有关水晶鞋的情节有许多不合理的地方，请你仔细推敲，然后改写为另一种合理的情节。

1. 举个例子：使臣拿着水晶鞋，挨家挨户找人试穿。结果大家的脚都差不多大，好多人都能穿得上。
2. 当一切恢复原状，王子手上的水晶鞋也（____）

3.（____）

哪些字不见了

“各位旅客请注意，现在开始分配房间。开刀的上五楼，上刑的在四楼，开膛的到三楼，上厕所的在二楼，怀孕的到一楼，自杀的去地下室……”

这番话猛一听让人心惊肉跳，弄清楚之后才明白，原来这是一个旅行团，团员分别来自“开封刀锯厂”（开刀）、“上饶模型厂”（上刑）、“开滦搪瓷厂”（开膛）、“上海测绘所”（上厕所）、“淮海运输公司”（怀孕）和“自贡杀虫剂药厂”（自杀）。

我们在运用词语时，有时为了方便，会省略其中的字。如果省略不当，就会造成误会或闹出笑话。

你在读书看报时，是不是也常会看到一些简称呢？你了解它们代表的意义吗？下面搜集了一些常见的简称，你知道它们的全称分别是什么吗？

1. 人民银行→中国人民银行
2. 外交部→中华人民共和国外交部
3. 新闻办→（ ）
4. 新华社→（ ）
5. 社科院→（ ）
6. 证监会→（ ）
7. 国航→（ ）
8. 上汽→（ ）
9. 央视→（ ）
10. 中粮→（ ）

第六章 • 探讨作者如何取材

写文章要找材料，不同的作者取材方法和内容安排都不大一样。在阅读了一篇文章后，我们可以探讨一下作者是如何取材的，这往往可以帮助我们更深入地了解作者的观点。

一般故事在取材和安排内容时往往依照正常的时间、空间顺序或因果关系，但英国童话作家罗尔德·达尔所写的《魔法手指》却一反常理。正常情况下，是猎人打野鸭，《魔法手指》的故事却描述了拥有人类双手的野鸭用猎枪射击因为被魔法诅咒而变成像鸟一般小的猎人的情形。作者从反面取材，很明显是要人类设身处地为动物着想，保护野生动物。

还有一本世界名著——路易丝·法蒂奥所写的《快乐狮子》，它讲述了这样一个故事：动物园的狮子原来在园里被观赏，很快活。有一天，喂狮的人忘了把门关好，狮子就离开动物园，去拜访常来看它的朋友，其中包括最常来看它的杜朋先生和一些女士。结果，杜朋先生昏倒，女士们吓得尖叫逃跑。正在街上演奏的乐队看到它，也像一阵风似的逃了。狮子看到大家的反应，很失望；后来它看到大货车和一群拿着枪的人在慢慢向它靠近。这时，一个常到动物园看它的小朋友在放学回家的路上看到了它。小朋友走过去，摸摸它的头，把它带回了动物园。

这个故事取材的角度是狮子上街看人，而不是人到动物园看狮子，读起来新鲜有趣，而且引人深思：看待某件事情，不能只依靠自己的观点和印象去判断。

阅读说明性、议论性文章时，应特别注意作者的取材是否有根据，是否客观，以及是否系统、有条理，这样才能判断文章的内容是否正确，并学会从不同的角度看问题，最终形成自己的思考。

例如，《在民族之乡旅行》这本书讲述了两位小主角游遍中国大江南北，走访中国少数民族的故事。书中用虚构的人物和故事情节串联，介绍了中国 55 个少数民族聚居地的地理环境，以及各民族的历史、文化、风俗习惯等知识点。

阅读这本书时，我们应该先了解作者的主要资料来源是什么。是自己采访得来的，还是摘取自别人的研究报告？或只是道听途说，没有切实的根据？

首先，可以看看书的前言或序中有没有说明。例如这本书的前言中就说明了书中的数据来源主要是中国少数民族人口普查资料。当然，最重要的还是自己去阅读文章的内容。

然后，再看看作者的取材是否客观，是否存在只选取片面的数据，以此表达自己主观看法的情况。

最后，我们可以进行探讨。比如，你同意作者的看法吗？有什么数据或内容可以支持你的看法呢？

了解了作者的取材，并经过了这样的探讨后，文章的观点、脉络将更清晰地呈现在我们面前。

tips

当你拿起一本书，还没有翻开的时候，阅读就开始了。这个时候，你要问自己，你想从书里得到什么，想通过什么样的方法来阅读学习。当你合上一本书时，阅读还在继续。如果你要让知识成为你自己的，那你就要消化文本，积极思考。

很多人在读书时会出现“失忆”的状况，比如记不住故事中的人物，隔两天再看时已经忘记了内容等。我们在读书的时候，一定要有问题意识，时刻提醒自己问问题，这也是在强制大脑进行回想和思考。

动物园奇遇记

你去过动物园吗？各种各样的动物中，你最喜欢哪一种呢？假设有一天，你到动物园参观，发现每只动物都会说话。你觉得它们看到游客，会说些什么呢？

参考答案：

狮子会说：“这些站在栏杆外面的动物真奇怪，我只不过打个哈欠，他们就大惊小怪。”

猴子会说：“你们不要再丢花生进来了，我今天已经吃了一大把了。”

不可随处小便

有一位著名的书法家，发现有人在他家的围墙外小便，感到很生气，就用毛笔写了一张字条贴在墙上，字条上写着“不可随处小便”，警告随地小便的人要自重。

有一天，邻居刘真路过这里，看见墙上竟然贴着书法名家的真迹字条，很想加以珍藏。可是，字条上的字句粗俗不雅，就算珍藏了，也不能拿出来炫耀。他站在墙边东考虑、西打算，最后还是把字条撕下来，放进了衣袖里。

刘真回到家后，向家人炫耀说书法名家送了他一幅字；家人又向亲戚、朋友炫耀，亲朋好友都半信半疑，纷纷要求欣赏这幅字。刘真拗不过，只好答应请他们到家里来看。

这天，亲朋好友都来到刘真家，私下交头接耳，议论纷纷。刘真心里早已做好准备，等大家都安静下来后，他缓缓展开卷轴。大家看到卷轴上的字果然出自书法名家，而且字句充满警世的意味，纷纷称赞不已。

粗俗不雅的字句怎么会获得众人的称赞呢？原来，刘真动了一番手脚，把字句调整了，变成了一句六字箴言——小处不可随便，真是不可思议啊！

活用练习

掌握几种常见的关联词，熟悉它们的用法，往往能帮助我们更好地理解文章的内容。请你为下列各类型的关联词各造一个句子。

1. 比较性的关联词：比较、一样、比、相反、相同。

（我觉得当女生和当男生一样好。

____）

2. 有时间顺序的关联词：先……再、然后、最后。

（____

____）

3. 有因果关系的关联词：因为……所以、既然……就。

（____

____）

4. 列举式的关联词：首先、除了……还有、例如。

（____

____）

5. 转折式的关联词：即使……也、虽然……但是。

（____

____）

第七章 • 比较阅读

读完一本书后，如果再和别的书做一番比较，将会发现一些新的问题，进而促使我们重新思考。我们将这种阅读称为“比较阅读”，它能使我们的阅读能力和效果更上一层楼。

《海鸥乔纳森》讲了一只海鸥不懈追求梦想的故事，它和《生于天空》一样，都诠释了人生的真谛。《海鸥乔纳森》着重描写了海鸥乔纳森突破自

己极限的飞翔历程，《生于天空》则偏重于描写雏鹰追求自由的心路历程。这两本书的主题相同但写法不同，通过比较其中的异同，你能更好地掌握它们的特色，对于提升自己的写作能力，也有很大的帮助。

又如林良先生著有《小鸭鸭回家》；美国画家、儿童文学作家罗伯特·麦克洛斯基也自写自画了一本书，名叫《让路给小鸭子》。这两本写鸭子的书各有特色，我们加以比较，可以发现它们的异同。

1. 两本书都以鸭子为主角，但《小鸭鸭回家》偏重描写小鸭鸭的历险、流浪，表现了乡土色彩和农村风光；《让路给小鸭子》则着重描写了母鸭马拉太太。这只母鸭与公鸭马拉先生在一个岛上生了 8 只小鸭，小鸭子学会走路后，马拉太太要带着它们穿过车水马龙的波士顿城。在警察先生的特别照顾下，它们通过汽车来往如梭的路口，回到了波士顿公园。这个充满丰富幻想的童话展现了动物与人类的和谐共生。

2. 作者对鸭子的形态与习性都很有研究，母鸭孵小鸭、带小鸭入城，以及小鸭鸭流浪、历险的情节都生动逼真。但两本书的社会背景不同。《小鸭鸭回家》描绘的是淳朴的农村社会，书中的角色如渔船上的老人与他的孩子、小鸭鸭的主人柯大叔，以及水牛、大黄牛、大野猫等，都是典型的农村人物与动物，整本书宁静、安详、温暖。《让路给小鸭子》描绘的则是都市社会，富有人情味。作者运用想象与幻想，描绘了母鸭带小鸭过马路等情节，令读者看了不禁泛起微笑。

看书要经常作比较，通过比较可以发现不同作品的优缺点，进而学会取舍、运用。

宋朝著名文学家欧阳修早年在朋友李尧辅的家中发现了唐朝古文大家韩愈的《昌黎先生文集》，便带回家一边抄读，一边比较韩

愈的文章与当时流行的“西昆体”的异同。后来，欧阳修发扬了韩愈提倡的古文，成为文坛领袖。

宋朝诗人黄庭坚，在开封的大相国寺获得史学家宋祁修撰的《新唐书》初稿，他发现其中的字句曾经过几次修改。黄庭坚耐心地比较宋祁修改前和修改后的字句，逐一推敲，努力探寻作者删减、增添的奥秘。经过仔细思考、用心钻研，黄庭坚终于成为有名的文学家。

所以，我们看完一本书后，应该再和以前所看的某一本书作比较，想想两者在取材、角色、主题、故事背景等方面的异同。经过这样的比较，自然会有更大的收获。

温故知新

比较也可以不仅限于图书之间，还可以将图书与电影等其他艺术形式进行比较。

比如，莎士比亚的《哈姆雷特》和电影《狮子王》就可以进行比较。它们的主题都是“复仇”，里面的有些角色也是可以对应起来的，请你试着从以下几点比较一下这两部作品。

1. 两个故事有哪些情节是一致的？哪些地方有差异？

2. 角色有什么样的对应关系，有何异同？

3. 同样都表达了“复仇”，两部作品的处理方式有什么不同？

4. 你还看过哪些以“复仇”为主题的作品？它们与这两部作品相比，有什么异同？

活用练习

阅读文章时，还要注意把握细微的字、词、句，因为作者的遣词造句往往有特殊的用意。请你比较下列各组句子，说说它们有什么不同。

1. 北风呼呼地吹着。
北风吹着。

2. 她踮起脚尖，在沙滩上轻轻地跳舞。
她在沙滩上轻轻地跳舞。

3. 他的眼睛眯成一条缝，望着远方进港的船只。
他望着远方进港的船只。

4. 每个人都闲得发慌，不知道该怎么打发时间。
每个人都不知道该怎么打发时间。

第八章 • 提问式阅读

许多人在阅读时，只是认真、仔细地去看作者都说了些什么，而没有想到和作者“交谈”。怎样和作者交谈呢？那就是一边看，一边提出问题；然后透过文章，寻找作者的回答。如果能用这种方式阅读，那么每一篇作品都将是无尽的宝藏。

有一个名为《明锣移山》的童话，故事是这样的：

明锣一家人住在山脚下，山石常常滚落，砸坏他们的房子；山还会挡住阳光，导致明锣的家潮湿阴冷，且出入不便。明锣想移走大山，便去请教聪明的老人。老人教他“砍树撞山”“拿汤匙敲罐子吓山”“烤蛋糕给山神吃”等方法，结果山都不动。最后，老人叫明锣搬家。家离山远了，就像山被移走了一样。

我们在看到题目时，可以先想想：明锣是什么人？他为什么要移山？用什么方法移？能不能成功？需要多久？

开始阅读后，再逐段提出问题，并设想和寻找答案。可以先想想住在山脚下的优缺点，再联想住在公寓高层及低层的优缺点，然后进一步想想什么是好的居家环境。也可以问问自己，如果我是明锣，我会如何处理居家不便的问题？为什么非移山不可？山移不动，人搬家，这个结果我满意吗？本文的作者要告诉我们什么道理呢？当我遇到生活困境时，该如何解决？明锣住在山脚下不快乐，他决定设法移山；如果我碰到不快乐的事，又会如何处理？这些都是在阅读中随时可以想到的问题，仔细思考，就可以找到许多答案。

阅读完可以再回想全篇的架构，找出起因、经过与结果，对明锣移山的方法做出点评，想想“山不转路转，路不转人转”的道理。

一边看，一边问。问题可以是文章中提到的，也可以是自己延伸出来的；答案也许要靠自己思考，也许可以在文章中找到。这样阅读，像不像你和作者在默默交谈呢？

设计问题的技巧

阅读文章时，可以自行设计问题，以自问自答的方式，帮助自己开拓更宽广的思想空间，提升思考力。

以下提供几种设计问题的形式，供大家参考。

1. 假如：假如没有桥，人类的生活会有什么改变？

2. 列举：请列举桥的类型。

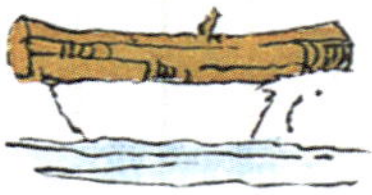

3. 比较：拱桥和一般的桥有何不同？

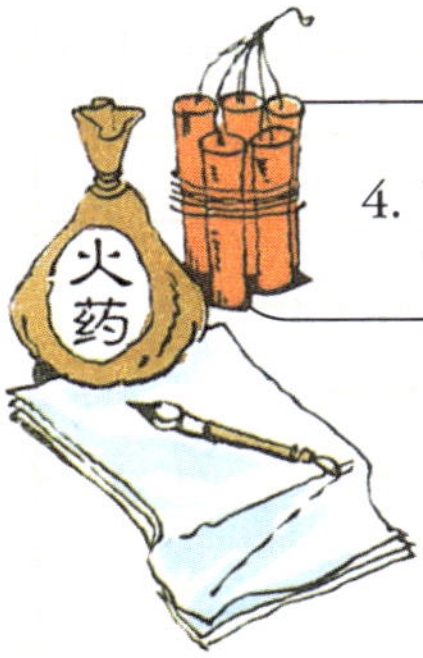

4. 可能：有没有可能发明出桥的替代物？

5. 想象：古代时赵州桥施工的情况会是什么样的呢？

6. 类推：中国是第一个有拱桥的国家，你知道还有哪些事物是中国率先发明的吗？

你能理解这些问题之间的差异吗？

请依照这个模式，针对你正在阅读的文章，设计几则创造性思考的问题吧！

圯（yí）上敬履

秦朝末年，张良因为韩国被秦所灭，一心想替韩国复仇。他雇刺客偷袭秦始皇，却不幸失败。后来，他为了躲避秦始皇派人对他的追杀，只好改名换姓，逃到了下邳（pī）。

张良隐居在下邳，时常到一座桥边散步。一天，一个穿黑色衣服的老人正好也在桥上。他看到张良走近桥边，故意让鞋子掉到桥下，叫张良帮他捡起来。张良很不高兴，本不愿意替老人捡鞋子；但他见老人年纪这么大，只得忍着气，帮老人捡起鞋子。没想到，老人还要张良帮他穿鞋。张良心想，干脆就帮忙帮到底吧！老人穿好鞋后，连声“谢谢”也没说就走了。

过了一会儿，老人又转回来，对张良说了声“孺子可教”，并且叫他5天之后再到桥上来。

5天后，张良一大早便来到桥上。谁知道老人早已到了。老人很生气，让他5天后早点儿过来。5天后，张良在鸡叫的时候就到了，可是老人又比他到得早。老人责骂张良不守时，要他过5天再来。

这次，张良不敢再迟到了，半夜就到桥上等候老人。过了一会儿，老人也到了。他微笑着交给张良一本书，便离开了。

后来张良借助这本书，协助刘邦建立了汉朝。

读完这个故事，你能猜到老人交给张良的是一本什么样的书吗？请你发挥想象力，描述一下吧！